DAVID BECKHAM
TALKING

DAVID BECKHAM TALKING

HERAUSGEGEBEN VON JO STEVENSON

SCHWARZKOPF & SCHWARZKOPF

SEMENS
mobile
adidas

Inhalt

Vorwort

Wenn man weltweit 100 Leute nach dem Zufallsprinzip bitten würde, einen britischen Fußballspieler zu nennen, würden 99 davon sofort die gleiche Antwort geben: David Beckham.

David verzeichnet als Fußballer enorme Leistungen. Sechs englische Meisterschaften, zwei FA-Pokale und eine Champions-League-Goldmedaille sind angemessene Trophäen für jemanden, der kicken kann wie kein anderer. Drei Spielzeiten lang war er Kapitän der englischen Fußballmannschaft. Sein Ausgleich auf den letzten Drücker gegen Griechenland und der Elfmeter, der Argentinien bei der WM 2002 den Sieg kostete, gehören zu den unvergesslichsten Bildern in der Geschichte des englischen Fußballs.

Das allein wäre schon genug Stoff für eine rasante Fußballergeschichte, doch in *Beckham – Talking* geht es um mehr als das. Kein anderer Spieler hat ein Mitglied des größten Pop-Phänomens der Neunziger geheiratet, kein anderer ist dank seiner Sportlichkeit und seines Aussehens zur bekanntesten männlichen Stilikone der Welt geworden. Keiner hat das Lotterleben der meisten Fußballer gegen ein Leben eingetauscht, das Fragen der Mode, der Sexualität und der Rolle des modernen Mannes aufwirft. Filmtitel tragen seinen Namen, und im letzten Jahrzehnt ist er öfter auf der Leinwand, als Wachsfigur oder sogar als Ölgemälde verewigt worden als jeder andere lebende Mann.

Beckham – Talking nimmt euch mit auf die ganze erstaunliche Achterbahnfahrt, in Davids eigenen Worten und denen seiner Familie und Freunde. Dies ist die Geschichte eines Jungen aus Leytonstone, der zum berühmtesten Mann der Welt wurde.

SIEMENS

Ein Fuß in der Tür

David über Schule, Lehrzeit und den Einstieg bei United

“ Als Kind lebte ich fürs Spiel. Ich holte morgens als Erstes meinen Fußball und legte ihn abends vorm Schlafengehen als Letztes wieder hin. Ich konnte einfach nicht genug davon bekommen ... mir war es egal, ob ich im Wembley-Stadion war oder in einem Park in der Nähe unseres Hauses in Chingford. ”

“ Meiner Mutter und meinem Vater verdanke ich es, dass ich heute der bin, der ich bin. Sie brachten mich dazu. Ja, ich habe hart gearbeitet, aber sie sind der Grund dafür. ”

“ Als Kind rannte ich im Park herum und tat so, als sei ich Bryan Robson, der Kapitän von Manchester United, und würde Tore schießen. Er war mein Vorbild. ”

“ Ich spielte stundenlang alleine Fußball – oder mit meinem Vater ... Mein Vater und ich reden nur über Fußball! ”

“ Als ich jung war, ermunterte mich mein Vater zum Fußballspielen. Das werde ich auch mit meinem eigenen Sohn tun, wenn er das möchte. ”

“ Sogar als Junge gab ich mir immer Mühe, den Ball ordentlich zu treffen. Ich habe Videoaufnahmen von mir gesehen, wie ich sechs oder sieben Jahre alt bin und genau das versuche. ”

“ Als ich jung war, knallte ich die Freistöße immer rein. Der Ball flog über die Köpfe der Torwärter hinweg, weil die so klein waren. ”

“ Ich besaß schon immer Willensstärke. Ich saß zuhause und sah mir ›Match Of The Day‹ im Fernsehen an, während meine Kumpels um die Häuser zogen und Cider tranken. ”

“ Nichts hat mich jemals vom Fußball abgelenkt. ”

“ Laufen war schon immer ein Teil von mir. Ich war vier Jahre hintereinander der Erste beim 1.500-Meter-Lauf an unserer Schule, und ich nahm an Wettbewerben im Geländelauf teil. So was tat ich unheimlich gern. Während dieser Wettbewerbe war ich viel nervöser, als ich es je war, wenn ich vor 50.000 Leuten spielen musste. ❞

❝ Meiner Meinung nach sollte man endlich die Idee verwerfen, dass der Fußball eine ausschließliche Männerdomäne ist. In der Schule waren manche Mädchen genauso gut wie die Jungs. Wenn man Frauen mehr einbeziehen würde, könnte man vielleicht das unsinnige Macho-Image abschaffen, das dem Spiel nur schadet. ❞

❝ Eine Menge Kids wollen Profi-Fußballer werden, und man kann es ihnen nicht verdenken. Man ist in der fan-

❝ Wenn man David ein Mädchen und einen Ball hinhielte, würde er mit dem Ball abziehen. ❞

John Bullock,
Davids Sportlehrer

" Meine Eltern gaben mir alle Ratschläge mit auf den Weg, die ich brauchte. Aber zum Schluss überließen sie mir die große Entscheidung – ob ich bei Manchester United lernen oder in London bleiben und für Tottenham oder Arsenal spielen wollte. Sie sagten nie : ›Wir sind für Manchester United, also gehst du auch dahin.‹ Ich denke, das war wichtig, denn wenn man in eine Richtung gedrängt wird, geht man in die andere. "

tastischen Lage, sagen zu können: Mein Beruf ist mein Hobby. "

" Ich weiß nicht, was ich ohne den Fußball gemacht hätte. Ich habe schon immer gerne gemalt, also wäre ich vielleicht im künstlerischen Bereich tätig geworden. Aber der Fußball stand bei mir immer an erster Stelle. "

" Ich träumte viel von Fußball, und viele dieser Träume gingen für mich in Erfüllung. "

" Dieses Stück Papier zu unterzeichnen war einfach großartig. "

David erinnert sich an den Moment, in dem er bei Manchester United unterschrieb.

Ein Fuß in der Tür ❞

“Ich weiß, wann der Ball reingeht. Ich konnte sie schon immer so schießen, sogar als Kind. Aber schon damals übte ich es. Deshalb klappt es auch.”

David über die Kunst des Freistoßes

“ Sir Bobby Charlton sagte, dass ich der beste Elfjährige war, den er in seinen sechs Jahren als Schulleiter gesehen hätte. ”

“ David Beckham war außergewöhnlich. Er wollte mit aller Macht Fußballer werden. Dazu hatte er sich schon mit neun oder zehn Jahren entschlossen. Viele Kinder denken, dass das ihre Fähigkeiten übersteigt. Aber ohne zu üben hat man bei keinem Sport Erfolg. ”

Sir Bobby Charlton

“ Ich glaube daran, dass Übung den Meister macht. Wenn ich nicht geübt hätte, würde ich den Ball wohl nicht so oft reinzirkeln. Wenn man es nicht richtig hinkriegt, muss man halt noch mehr üben ... ”

“ Vom ersten Tag an musste man sein Talent gesehen haben, um es zu fassen. ”

Eric Harrison, Jugendtrainer von Manchester United

“ Als ich nach Manchester ging, kam ich im Trainingscamp unter und spielte zwei Wochen lang jeden Tag Fußball. Das war meine Vorstellung vom Paradies. ”

“ Ich beobachtete, wie sich David Beckham bei Manchester United weiterentwickelte, und keiner der älteren Spieler zweifelte daran, dass er eines Tages ganz groß sein würde. Jetzt eilt ihm sein Ruf voraus. ”

Bryan Robinson, ehemaliger Kapitän von Manchester United

“Wir nahmen David mit zu unseren Spielen in London. Er war unser Maskottchen am West Ham, als er erst zwölf Jahre alt war.”

Alex Ferguson,
Trainer von
Manchester United

“Als Kind konnte ich nicht genug von United bekommen. Ich wusste, dass das mein Verein war.”

“Die Möglichkeiten sind heute sogar noch größer als damals, als ich jung war. Aber wenn man den Fußball nicht genießt, ist die beste Ausstattung der Welt nichts wert.”
Über das Trainingscamp

“Ich weigere mich nie, ein Autogramm zu geben. Ich weiß noch, wie schlecht ich mich als Kind gefühlt habe, wenn ich abgewiesen wurde.”

“Mein Ziel ist es, bei Manchester United zu bleiben, Kapitän zu werden und der beste Spieler der Welt zu sein ...”

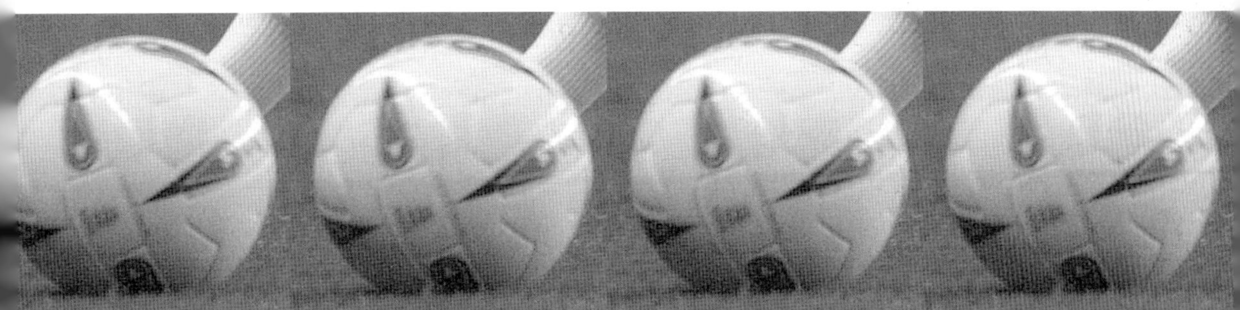

ENGLAND
7
ENGLAND
V
MACEDONIA
16.10.2002

Roter Teufel, Weiß & Blau

David Beckhams Ansichten über das Spielen für Manchester United und England, seine Mannschaftskameraden, Fußballtaktiken und der Wille zum Sieg …

❝ Die gegenwärtige Mannschaft von Manchester United ist miteinander befreundet aufgewachsen. Wir vertrauen einander, und das merkt man auf dem Spielfeld und außerhalb. All die Spieler, die über die Jahre dazu gekommen sind, haben sich gut in diesen Zusammenhalt integriert. ❞

❝ Gary Neville ist mein bester Freund. Von allen Spielern bei Manchester United komme ich mit ihm am besten aus. Wir treffen uns oft. Ehrlich gesagt finde ich, dass er einer der besten Abwehrspieler Englands ... nein, Europas ... nein, der ganzen Welt ist. Das sage ich nicht nur, weil er mein Kumpel ist, sondern weil ich persönlich glaube, dass er ein großartiger Spieler ist. ❞

❝ Wenn David will, dass man den Ball tritt, schreit er: ›'It it‹ (›Hit it‹ – ›Schieß!‹), was sich echt lustig anhört. Wenn man bei ihm hinten ins Auto steigt, sagt er: ›Don't scuff me levver‹. (‹Don't scuff my leather‹ – ›Zerkratzt mir das Leder nicht‹). Wir machen ihn dauernd nach, aber das macht ihm nichts aus. Er lacht einfach. ❞

❝ Ich muss nur den Mund aufmachen, und schon fallen alle über mich her! ❞

David beschreibt die Schwierigkeit, mit einer Londoner Aussprache in Manchester zu leben.

❝ Ryan ist ein sehr lockerer Typ. Und ein großartiger Spieler! ❞

❝ Unser Kapitän Roy Keane ist ein ziemlicher Spaßvogel. Er spielt einem schon mal einen Streich. Er ist ein

MANCHESTER
UNITED

sehr witziger Kerl mit einem trockenen Humor. Er sagt Dinge und man kringelt sich vor Lachen. SuperTyp. ❞

❝ Andy Cole ist hervorragend im Abschluss und eine wahre Bereicherung für Manchester United. Auch außerhalb des Feldes ist er ein freundlicherTyp, mit einem netten Sinn für Humor. ❞

❝ Es ist wie jeden Samstag Weihnachten. ❞

Andy Cole, Stürmer bei Manchester United, über Davids Pässe

❝ Wenn wir hart arbeiten, kann der Trainer nicht viel mehr verlangen. Wenn jeder Spieler auf dem Feld alles gibt, bekommt man am Ende seine große Chance. ❞

❝ Ich glaube, dass ich karrieremäßig bei Manchester United genauso viel schaffen kann wie bei jedem ausländischen Verein. Mehr Trophäen, als man hier bekommt, kann ein Spieler kaum verlangen. Ich glaube, ich kann hier total zufrieden sein. Ich muss mich nicht umschauen. ❞

❝ Jede neue Saison ist groß. Ich gehe an jede mit dem Wunsch heran, alles zu gewinnen. ❞

❝ Es ist immer wichtig, unser erstes Spiel mit einem Sieg hinter uns zu bringen. ❞

❝ Shopping! ❞

Davids Antwort auf die Frage nach seinen Stärken

❝ Ein Sieg ist ein Sieg. Siegen ist das Wichtigste. ❞

❝ Ich schieße gerne Tore, besonders die wichtigen. Oft gehen sie an andere Spieler, also ist es schön, ein Tor zu schießen ... und Beifall zu bekommen. ❞

❝ Ich achte auf meine Gesundheit. Ich esse gut, ich schlafe gut. Es ist wichtig, seinen Körper fit zu halten. Wenn man außerhalb des Fußballfeldes auf sich Acht gibt, geht es einem auch auf dem Feld gut. ❞

❝ Ich wunschte, ich hätte dieses Tor geschossen, oder ein ähnliches. Es war eines dieser Tore, die jeder Spieler gern schießen würde, und David ging sehr gut damit um. ❞

Eric Cantona über das Tor, das Beckham einem größeren Publikum bekannt machte, ein 45-Meter-Schuss gegen Wimbledon 1996

“ Meine Oma sieht mich total gerne im Fernsehen, aber sie macht Bemerkungen darüber, wie oft ich mich mit den Schiedsrichtern zu streiten scheine. Noch schlimmer ist, dass meine Oma hervorragend Lippen lesen kann. Sie weiß genau, was ich sage. ”

“ Wenn wir weitermachen, werden wir unsere gerechte Belohnung erhalten. ”

David über die Gewinnstrategie von Manchester United

“ Ich gewann das Double im Alter von 21, und das ist unglaublich. Aber da hörte es nicht auf. ”

“ Manchester United ... Die Helden, die eine Nation vereinten ”

The Daily Mail

“ Rekorde sind zum Brechen da."

Davids Kommentar nach einem einzigartigen Dreifachsieg von Manchester United, Mai 1999

“ Der Angriff ist mein Schwachpunkt. Darin war ich noch nie gut. Entweder starte ich zu spät oder mein Timing ist falsch. ”

“ Ich bin ein recht selbstbewusster Mensch, aber manchmal werde ich nervös. Dann ... entspanne ich mich. ”

“ Ich ärgere mich ein bisschen, wenn Leute behaupten, ich könne meinen linken Fuß nicht richtig einsetzen. Die meisten Spieler können auf ihrem nur stehen. Meiner ist da schon ein bisschen besser. ”

“ Es ist nett, wenn ich Jungs und Mädels mit Beckham-Trikots die Straße entlanglaufen sehe, mit der 7 auf dem Rücken. Da muss ich immer lächeln. ”

“ Wenn ich manchmal in die Patsche gerate, schreibe ich das einer gewissen Seite des Spiels zu, aber es ist keine, die ich verlieren möchte, denn sie ist ein Teil von mir. Ich will einfach gewinnen. Deshalb passieren solche Sachen. Es ist keine böse Absicht, es ist einfach mein Siegeswille. ”

“ Kevin Keegan ist einer der Jungs. Man weiß, woran man mit ihm ist. Statt im Bus vorne zu sitzen, sitzt er hinten bei uns. ”

vodafone

“David ist der beste Flankengeber Europas. Der beste Freistoß-, Elfmeter- und Eckstoßschütze, den ich je gesehen habe. Ein absoluter Ausnahmespieler.”

Sir Alex Ferguson,
Trainer von Manchester United

David über seine Beziehung zu Sir Alex ...

“Ich würde gern beim Fußball bleiben, wenn ich irgendwann als aktiver Spieler aufhöre, aber ich glaube nicht, dass mir ein Trainerposten gefallen würde. Zuviel Theater ...”

“Seit meinem ersten Tag im Verein war Sir Alex eine Vaterfigur für mich. Er war genau das, was jeder Spieler braucht: jemand, zu dem man aufschauen kann. Er hat mir gesagt, wenn ich etwas richtig gemacht habe, und er hat mir gesagt, wenn ich etwas falsch gemacht habe. Am wichtigsten ist, dass er mir das Selbstbewusstsein

“Man sollte David Beckham nicht unterschätzen. Ich habe meine Spieler gern unter Kontrolle, während sie sich weiterentwickeln, aber es ist geradezu unmöglich, seine Entschlossenheit nicht zu bewundern. Sie hat mir schon oft gute Dienste geleistet. Wenn es im Spiel drauf ankommt, kann man sein Leben drauf verwetten, dass David Beckham einen nicht enttäuscht.”

Sir Alex über David in seiner Autobiografie

ENGLAND
7
ENGLAND
AUSTRALIA
ENGLAND

vodafone

“Die Hauptsache ist, dass er trotz aller Höhen und Tiefen seine Fußballentscheidungen immer aus den richtigen Gründen getroffen hat.”

Davids Einschätzung von Sir Alex in seiner Autobiografie My World

gegeben hat, ein solcher Spieler zu werden, wie ich es bin. Natürlich kann jeder mit seinem Chef Meinungsverschiedenheiten haben, und ich hatte einige mit ihm, seitdem ich beim Verein bin.”

“Sobald ich die eine oder andere Meinungsverschiedenheit mit Sir Alex habe, schreiben die Medien das zur Krise hoch, weil ich es bin. Aber wir haben uns eigentlich immer verstanden und es gab noch kein echtes Problem.”

“Es kommt nicht darauf an, wie bekannt ein Spieler ist. Wenn er im Unrecht ist, ist er im Unrecht, und David war mit Sicherheit im Unrecht. Nicky Butt, Phil Neville und Ole Gunnar Solskaer können nicht damit rechnen, Stammspieler zu werden, aber sie sind vorbildliche Spieler, die nie ein Training verpassen. Es gab keinen guten Grund dafür, nicht zu erscheinen.”

Sir Alex darüber, dass er David vorübergehend aus der Manchester-United-Mannschaft zog, weil er das Training verpasste. Laut Beckham war sein Sohn Brooklyn krank und brauchte seinen Vater.

„Die Zeitungen stellen für David eine Gefahr dar. Ich versuche ihn zu beschützen ... damit er auf dem Boden bleibt. Wehe, wenn nicht."

Sir Alex Ferguson

„Die Spieler, die ich kenne, sind nicht nachtragend. Ich habe auch gar keine Zeit, nachtragend zu sein."

„Wie ich ihn nenne? Sir."

David Beckham über Sir Alex Ferguson

„Meinem Eindruck nach ist Sir Alex Ferguson ein netter Mann, der seine Arbeit gut macht. Aber ich glaube nicht, dass ihm klar ist, dass ich die schlechte Stimmung abkriege, wenn er sagt, dass er mit David Probleme hat."

Victoria über Sir Alex

David über seine Zeit als Mannschaftskapitän in England und die WM 2002 ...

„Was hat für Manchester United zu spielen damit zu tun, für England zu spielen?"

„Ich träume davon, für England im Mittelfeld zu spielen. Da spiele ich am besten. Ich träume davon, auf der gleichen Position wie Paul Gascoigne zu spielen und wie

David trainiert mit der englischen Auswahl

ENGLAND
7

mein Spiel den gleichen Einfluss auf die Nationalmannschaft hat wie seins. ”

“ Das, was ich bei Manchester United erreicht habe, ist einfach erstaunlich. Mit der englischen Nationalmannschaft einen Titel zu gewinnen, wäre die Krönung schlechthin. Ich habe aber noch viel zu lernen, sowohl auf internationaler Ebene als auch im Verein. ”

“ Natürlich möchte ich mehr Tore für England schießen. Wer würde das nicht wollen? ”

“ Es gibt zwangsläufig jede Woche Konflikte zwischen den einzelnen Vereinen, aber man kann es sich nicht leisten, daran festzuhalten, wenn man in der Nationalmannschaft spielt. ”

“ Es hat lange gedauert, bis ich dieses Tor erzielt habe, und ich hoffe, dass ich nicht drei Jahre auf das nächste warten muss. Ich wusste nicht, was ich tun sollte, als er reinging, also rannte ich rüber und sprang auf Teddy Sheringhams Rücken, der sich gerade an der Außenlinie aufwärmte. Der Schuss war zwar ein bisschen abgefälscht, aber Tor ist Tor. ”

David beschreibt den Treffer,
der im entscheidenden WM-Qualifikationsspiel
gegen Finnland im März 2001 den Sieg brachte.

“ Eines Morgens rief mich Peter Taylor an um mir zu sagen, dass ich Mannschaftskapitän bin. Es dauerte eine Minute, bis ich das begriffen hatte. Jeder weiß, was vor drei Jahren geschah, also war es super, auf die Art mit dieser Geschichte abzuschließen. ”

“ Ich war so stolz auf David. Es war unglaublich zu erfahren, dass er Kapitän der englischen Mannschaft wird. Ich werde ihn immer bei allem unterstützen, was er tut. ”

Victoria

“ Als ich zum ersten Mal Mannschaftskapitän wurde, war ich extrem nervös. Jeder sagte, dass ich der Aufgabe nicht gewachsen sei. Anscheinend musste ich einiges beweisen. Aber egal, was die Leute mir vorwerfen, ich werde immer versuchen, sie vom Gegenteil zu

“Ich war auf der Suche nach dem besten Spieler im Verein, um ihn zum Kapitän der englischen Mannschaft zu machen, und die Entscheidung war klar: David Beckham. Besonders wie er sich nach dem Spiel in Argentinien verhalten hat, war grandios. Er hat Charakterstärke bewiesen. Ich sagte zu ihm: ›Ich mach dich zum Spielführer‹, und gab ihm keine Gelegenheit abzulehnen. ”

Peter Taylor,
ehemaliger Trainer der
englischen National-
mannschaft

überzeugen. Jetzt will ich für den Rest meiner Karriere Kapitän bleiben. Ich will nie wieder für mein Land spielen, ohne die Spielführerbinde zu tragen - ich liebe die Verantwortung! Kapitän der englischen Nationalmannschaft zu sein ist ein unglaubliches Gefühl, das beste Gefühl, das ich im Fußball je hatte. Wenn du die Aufgabe einmal angenommen hast, willst du sie nie wieder hergeben ... ❞

❝ David Beckham wird von den Trainern, dem Manager und seinen Teamkollegen gleichermaßen respektiert. Ich wäre überrascht, wenn die Stelle des Kapitäns in den nächsten Jahren von irgendwem anders besetzt werden würde. ❞

Peter Taylor, ehemaliger Trainer der englischen Nationalmannschaft

❝ Ich war vorher noch nie Spielführer außer in der Jugendmannschaft – abgesehen von diesem Spiel bei Manchester United, wo es kein anderer machen wollte. ❞

❝ David Beckham ist ein guter Mannschaftskapitän für England. Mehr als alles andere braucht man dazu den Respekt der Teamkollegen, und der ist ihm sicher. Manche führen eine Mannschaft an, indem sie die Leute beim Nacken packen und sie kräftig in den Hintern treten. Andere können genauso gut anführen, indem sie hier und da ein wohlüberlegtes Wort fallen lassen. Vielleicht wird [David] da mit gutem Beispiel vorangehen, indem er mal ein gutes Tor schießt, mal zur rechten Zeit zum Tackling übergeht, mal einen großartigen Pass macht. Man beeinflusst die anderen dadurch, was man auf dem Spielfeld tut. ❞

Terry Butcher, ehemaliger englischer Mannschaftskapitän

❝ Zum Spielführer der englischen Mannschaft ernannt zu werden, wo wir gerade so gut spielen, ist eine der größten Ehren, die man mir im Fußball gewähren konnte. ❞

❝ David verschwendet keine Kraft. Er hampelt nicht unnötig herum und kriegt auch keine Wutanfälle wie einige Flügelstürmer. Er knallt den Ball beim ersten Mal rein.

ENGLAND
ENGLAND

Das heißt, er verschwendet keine Energie damit, sich an seinem Gegenspieler vorbeizuwurschteln. ”

Kevin Keegan,
ehemaliger englischer Nationaltrainer

“ Es ist eine Herausforderung, gegen die besten Fußballspieler der Welt zu spielen. Aber es ist auch eine Gelegenheit zu zeigen, was ich kann. ”

“ Jeder weiß, wie gut England spielt. Manchester United muss das Gleiche tun. ”

“Wenn man in den Zeitungen Davids Laufbahn verfolgt, liest man viel über seine Frau usw., aber man lernt ihn als Menschen nicht wirklich kennen. Und ich muss sagen, dass David ein großer Profi ist, ein großer Kapitän. Das hat er durch seine Leistung bewiesen. ”

Sven Goran Eriksson

David mit Sven Goran Eriksson

“Ich glaube, er war als Kapitän der englischen Nationalmannschaft eine prima Wahl. Ich glaube auch, dass er vielleicht Englands berühmtester Fußballspieler ist ... vielleicht sogar der ganzen Welt. Jeder Fußballfan kennt David Beckham. Er ist ein gutes Vorbild und hat sich bisher sehr, sehr gut geschlagen. Ich hoffe, dass das noch lange so weitergeht.”

Sven Goran Eriksson, gegenwärtiger Trainer der englischen Nationalmannschaft

“ Sven Goran Eriksson ist ein so ruhiger Mann, er hat eine so beruhigende Wirkung. Die Spieler sind in seiner Gegenwart immer so entspannt. ”

“ Wir haben ein Niveau erreicht, auf dem wir eine echte Chance haben, bei der Weltmeisterschaft vor keinem Angst haben zu müssen – noch nicht mal vor den Franzosen. Nachdem wir Deutschland 5:1 geschlagen haben, müssen wir uns um kein anderes Land Sorgen machen. Glaubt mir, diese Mannschaft wird noch einiges leisten. ”

“ Ich werde versagt haben, wenn ich als Mannschaftskapitän nicht den Pokal in den Händen halte. Erfolg mit der Nationalmannschaft ist ein absolutes Muss. ”

“ Die Leute sagten 2002, dass es für England zu früh sei, bei der WM gut abzuschneiden. Dem stimme ich nicht zu. Ich habe mit Manchester United die ganze Zeit Erfolg gehabt und das ist ein riesiges Gefühl. Jetzt muss ich das in die Nationalmannschaft hinüberretten. ”

“ Ich will, dass Jugendliche zu mir aufsehen und die Dinge nachmachen, die ich auf dem Feld für England und United vormache. Das Wichtigste, das ich früher gelernt habe, war Spaß am Fußball zu haben, und das versuche ich den Kindern zu vermitteln. ”

“ Wir haben alle davon geträumt, Weltmeister zu werden. Da bin ich nicht anders als alle anderen ... ”

Alte und junge Spieler kommentieren Beckhams Talent

“ David Beckham arbeitet härter als jeder andere Fußballer, den ich kenne. Er gibt nie auf. ”

George Best

“ An David Beckham ist mehr dran, als wir bisher gesehen haben. ”

Kevin Keegan

ENGLAND
7

“ David sollte es als Kompliment betrachten, dass die anderen Mannschaften ihn so oft mit Manndeckung belegen. Das tun sie nämlich nur, weil sie Angst vor ihm haben. ”

Bryan Robson

“ Er kann aus 50 Metern Entfernung eine exakte Kopfballvorlage geben. ”

Paul Merson

“ Es gibt nicht viele Leute, die so hart arbeiten wie David Beckham. ”

Michael Owen

“ Ich werde immer mit Ryan Giggs verglichen, aber das sehe ich nicht so. Ich war mehr wie David Beckham. Giggs Spiele-Tor-Verhältnis und sein Abschluss sind nicht gut genug. Er ist ein hervorragender Spieler, aber dieser Beckham kann ein Spiel um 180 Grad wenden. Ein großartiger Spieler. ”

George Best

“ Beckham begeistert mich. Er ist einer der europäischen Elitespieler. Er ist wahrhaft begabt. Als mein Sohn Jordi vor einigen Jahren bei Manchester United anfing, erzählte er mir von Beckhams Fähigkeiten und ich fing an, darauf zu achten ... Beckham hätte in jede meiner Mannschaften gepasst, ob Spanien oder Ajax. Er ist ein fabelhafter Flankengeber und zeigt fantastisches Ballgefühl. ”

Johan Cruyff, niederländische Fußballerlegende

“ Mir kommt es so vor, als hätte er etwas gelernt, das ich auch erst nach einiger Zeit kapiert habe. Ein begabter Spieler kann auf dem Fußballfeld den größten Schaden anrichten. Beckham besitzt die seltene Fähigkeit, nicht nur den nötigen Pass zu erkennen, sondern ihn auch auszuführen. ”

Tom Finney, England-Fußballveteran

David mit Michael Owen

ENGLAND
ENGLAND

„David Beckham hat sich Respekt und Bewunderung von allen Seiten verdient, weil er sich auf dem Fußballfeld und im Alltag gut benimmt. Jeder liebt ihn, und das sollten sie auch. Die Wandlung, die die öffentliche Meinung seit der WM 1998 genommen hat, ist allein sein Verdienst. David Beckham ist der wahre ›King Becks‹.“

Nigel Martyn, Torhüter für England und Leeds

Alan Shearer

„Beckham ist brillant. Er ist technisch sehr gut. Er hat eine gute Beobachtungsgabe, einen großartigen Schuss und natürlich gibt er diese fantastischen Flanken. Dass sein Temperament bei der WM mit ihm durchgegangen ist, war mit Sicherheit ein Ausrutscher.“

Marcello Lippi, Trainer der italienischen Nationalmannschaft

„David Beckham war für mich schon immer ein leuchtendes Vorbild. Er ist noch größer geworden, seitdem er Kapitän ist, und er hat das Leben für alle Jungspieler in der englischen Mannschaft angenehmer gemacht.“

Ashley Cole, Verteidiger in der englischen Nationalmannschaft

„Ich glaube nicht, dass man wirklich erkennt, wie gut er ist, bis man neben ihm gespielt hat. Er stellt mit einem Fußball unglaubliche Dinge an. Die Welt liegt zu seinen Füßen.“ *Alan Shearer*

„David Beckham ist ein geeignetes Vorbild für jedes Kind mit leuchtenden Augen im ganzen Land.“

The Sun

„Ein in jeder Hinsicht toller Spieler mit zwei Füßen. Viele Leute behaupten ja, dass das bei Fußballspielern heutzutage eine Seltenheit ist.“

Jimmy Hill

„David Beckham ist der beste Flankengeber, den ich je gesehen habe, und meiner Meinung nach sollte man so ein Talent nicht vergeuden ... David ist für jedes Team der perfekte Außenstürmer, weil er einen Sinn für Positionen hat.“

Alan Shearer

„Ich halte sehr viel von Beckham. Er könnte Manchesters Cantona werden und ähnliche Höhen erklimmen.“ *George Best*

„Natürlich ist es nett, wenn die Leute solche Sachen sagen, aber wenn ich zuviel davon höre, fange ich an, mir Sorgen zu machen. Ich muss von dem ganzen Ruhm und Beifall abschalten können. Ich muss darauf achten, es mir nicht zu Kopf steigen zu lassen. Natürlich gibt es

ENGLAND
7
7

“Es bereitet einem Kopfzerbrechen, dass es nur einen David Beckham gibt, man in der Mannschaft aber zwei bräuchte. Als Trainer brauchst du einen David Beckham im rechten Flügel, wo er besser spielt als jeder andere, und einen im Mittelfeld. Wenn sie damit anfangen Fußballspieler zu klonen wird er der erste sein, den man ins Labor schickt.”

Kevin Keegan

“Ich würde mich tödlich langweilen, wenn ich bei einem Fußballspiel zuschauen müsste, bei dem David nicht mitspielt.”

Victoria

Lobhudelei und Beweihräucherung, aber ich möchte auf dem Boden bleiben und von lieben Menschen umgeben sein.”

Und zum Schluss Victorias Ansichten über die Besessenheit eines ganzen Landes ...

“Es kann ja sein, dass man Davids Verein nicht mag, aber man kann nicht leugnen, dass er ein fantastischer Fußballspieler ist.”

“Ich steh nicht besonders auf andere Fußballspieler. Ich habe ja schließlich den besten, oder?”

“Was David macht, bezeichne ich als Fußballwettbewerbe. Ich vergesse immer, wie man die nennt. Fußballkämpfe? Fußballspiele! Na ja, ist doch alles eine Aufführung, nicht wahr?”

Victoria gibt zu, dass es mit ihren Fußballkenntnissen nicht weit her ist

“Ich glaube nicht, dass Victoria weiß, was Abseits heißt ...”

David

“Ich weiß, was ein Tor ist, und das ist sicherlich das Wichtigste beim Fußball. Mit den Abseitsregeln oder so kenne ich mich aber nicht aus.”

“Ich bin nicht die typische Spielerfrau. Ich kenne noch nicht mal die Fußballregeln.”

“Manche Spielerfrauen sind richtig intelligent. Viele von ihnen haben sogar Uniabschlüsse. Wahrscheinlich gibt es ein paar, die etwas dämlich sind, aber das gibt es schließlich überall.”

“Ich mag David so wie er ist, und mir ist egal, was er macht, Hauptsache er ist glücklich.”

“Ich bin kein Fußballfan, aber ich schaue David gerne zu.”

BECKHAM
23

2003 MTV
2003 MTV
MTV

Spice Up Your Life

Victoria und David erinnern sich an ihre erste Begegnung, anschließende Verlobung und Hochzeit im Juli 1999 …

„Ich sah sie im Fernsehen und wollte sie unbedingt kennen lernen. Ich wusste, dass ich auf sie stand. Also ging es nur noch darum, sie zu treffen.“

„Ich stand immer auf Blondinen und eher stille Mädels, aber Victoria ist genau das Gegenteil – dunkel und laut.“

„Er zeigte auf den Fernseher und sagte: ›Das ist die Richtige, und ich werde sie mir schnappen.‹“

Gary Neville, Davids bester Freund und Manchester-United-Spieler

„Als wir uns zum ersten Mal trafen, wollte ich den Eindruck erwecken, dass ich was von Fußball verstehe. Aso sagte ich: ›Gutes Spiel?‹ oder so was in der Art. Er lachte nur, und da wusste ich es. Ich wusste es einfach.“

„Davids Ruhm war kein Kriterium, aber als wir einander besser kennen lernten, merkten wir beide, dass es ein großer Vorteil war. Wir waren beide gleich berühmt.“

„Ich mochte Victoria um ihrer selbst willen. Ich hätte sie auch gemocht, wenn sie im Supermarkt gearbeitet hätte.“

„Bei unserem ersten Date wurden wir aus einem Chinarestaurant geworfen, weil keiner von uns etwas essen wollte. Wir waren dort hingegangen, um einen ruhigen Ort zu haben, an dem man was trinken konnte, ohne bemerkt zu werden. Zum Schluss landeten wir im Apartment von Mel C.“

„Ich stand schon auf David, bevor ich ihn überhaupt getroffen hatte. Ich weiß noch, wie ich ein Interview für eine Fußballzeitschrift gab und mir Fotos von verschiedenen Fußballern gezeigt wurden. Ich sah David und dachte nur noch: Ist der hübsch. Da beschloss ich, ihm aufzulauern.“

Victoria

„Sobald ich Victoria traf, wusste ich, dass ich sie heiraten würde. Mich beschlich das Gefühl, dass sie noch mal zu einem Spiel kommen würde. Ich konnte einfach nicht aufhören, an sie zu denken.“

David

“Zuerst machte David keine Anstalten, mich zu küssen. Aber nachher überschüttete er mich mit Rosen und einer schwarzen Prada-Tasche. Ich mag Männer, die einem die Tür aufhalten, einen zum Essen ausführen und Blumen kaufen.”

Victoria

“ David war voll der Groupie. Nachdem er mich ausgeführt hatte, kaufte er eine CD der Spice Girls, um Nachforschungen zu betreiben. ”

“ Nach einer Woche wollte ich ihr schon einen Heiratsantrag machen. ”

“ Ich wusste, dass David mich mochte, aber nach drei Dates hatte er mich immer noch nicht geküsst. Es ist dann endlich in meinem Elternhaus dazu gekommen. Das Warten hat sich gelohnt. ”

“ Als Kerl geht man aus und macht mit Frauen rum. Das gilt als ziemlich coole Sache. Erst David hat es cool gemacht, das Gegenteil zu tun. Man liest die ganze Zeit was über die Affären von Prominenten, aber so sind wir gar nicht. ”

Victoria

“ Seitdem ich sie kenne, liebe ich sie immer mehr. ”

MICHIGAN

“Vor David Beckham dachte man, dass Fußballer sich besaufen, Bier trinken und um die Häuser ziehen. Jetzt nicht mehr.”

Lady Victoria Hervey

“David kann gar nicht verstehen, warum die Zeitungen dermaßen von seinem Privatleben fasziniert sind. Meine Antwort darauf ist: ›Ganz einfach, triff dich halt nicht mit einem Spice Girl!‹”

Mannschaftskamerad Brian McClair

“Am Anfang unserer Beziehung flogen wir überallhin, nur um eine Stunde Zeit miteinander verbringen zu können.”

David

“Als ich in Amerika war, verlobten wir uns. Ich hatte ihm schon gesagt, wie der Ring meiner Träume aussehen würde, und er erinnerte sich daran und ließ ihn extra für mich anfertigen. Wir saßen also in unseren Pyjamas rum, als David den Ring hervorzog, auf ein Knie fiel und fragte: ›Willst du mich heiraten, Victoria?‹ Ich sagte: ›Ja‹, dann zog ich meinen eigenen Ring hervor und sagte: ›Denk an Girl Power - willst du mich heiraten?‹”

Victoria

“Ich bezweifle, dass David der Meinung ist, dass er neben einer der erotischsten Frauen der Welt liegt, wenn er morgens neben mir aufwacht. Beim Aufwachen sehe ich zum Fürchten aus!”

“Ich könnte gar nicht glücklicher sein. Ich habe meine Traumfrau bekommen.”

“Wir haben schon Anfragen vom Playboy erhalten, ich und Victoria als Paar. Ich glaube nicht, dass ich mich je nackt zeigen werde, aber man soll niemals nie sagen.”

“David ist alles, das ich in einem Menschen suche. Wir lieben einander wirklich. Wir sind gute Freunde und sehr ehrlich miteinander. Ich habe den Mann gefunden, mit dem ich alt und faltig werden will. Das gute Aussehen währt schließlich nicht ewig, oder?”

“David ist ehrlich zu mir, und manchmal tut die Wahrheit weh. Aber das gefällt mir – ich will nicht von Jasagern umgeben sein.”

“Es war ein großartiges Jahr. Ich werde heiraten, und mein Verein hat den Treble gewonnen.”

“Ich kann ehrlich behaupten, dass ich auf keinen stehe außer David. Ehrlich.”

“Ich bin mit einer Frau zusammen, die ich liebe und mit der ich mein restliches Leben verbringen möchte.”

Becks erklärt seine Liebe zu Victoria

“Keiner von uns ist besonders religiös. Vielleicht sind wir mehr spirituell als religiös.”

“Wenn meine Hochzeit bescheidener ausgefallen wäre, hätten sie mich als geizige Kuh beschimpft. So sagen die Leute, wir seien schrill und würden alles übertreiben. Gut, wenn sie meinen. Ich weiß nur, dass es ein unglaublich toller Tag war.”

“Wir halfen Victoria vor Ort in ihr weites Kleid, und David war tatsächlich in Tränen aufgelöst. Es war alles sehr bewegend.”

Kenny Ho, Victorias Stilist

“Mein Trauzeuge Gary Neville war nervös ... er machte sich Sorgen wegen der Rede, dem Ring, wegen allem.”

“Ich erinnere mich an den Thron. Das war ... etwas ungewöhnlich.”

Alan Hanson

“Auf einem Thron zu sitzen. Was sollte das?”

Ulrika Johnson

“Die Hochzeit von David und Victoria wies ein ironisches Element auf, das einige Leute nicht verstanden haben.”

Angus Deayton

“In einem normalen Monat gehen zwischen 500.000 und 600.000 Exemplare von OK! über den Ladentisch. Im Vergleich dazu verkaufte sich allein die erste Ausgabe, in der wir über die Hochzeit von David und Victoria berichtet haben, fast 2 Millionen Mal. In einem Monat verkauften wir beinahe 5 Millionen Exemplare.”

Martin Townsend, ehemaliger OK!-Redakteur

“Unsere Einkünfte werden oft übertrieben. Wenn die Leute in der Zeitung lesen: Exklusivinterview!, dann denken sie, wir bekommen dafür einen Lastwagen voller Scheine. Aber in Wirklichkeit bekommen wir gar nichts. Nur das eine Mal, als wir die Rechte an unseren Hochzeitsfotos für £1.2 Millionen an die Zeitschrift OK! verkauft haben. Das war, um die Paparazzi loszuwerden, und auch, um schöne Hochzeitsfotos zu bekommen. Das Geld gaben wir für die Hochzeitsvorbereitungen und Sicherheitskräfte aus. Alles, was übrig blieb, spendeten wir für einen guten Zweck, aber man wirft mir immer noch vor, daran verdient zu haben.”

Victoria

“Tatsache ist, dass wir die Hochzeit so und nicht anders haben wollten. Alles verlief nach Plan. Wir hätten auch viele Prominente da rumspazieren haben können, die uns gar nicht kannten, aber wir machten es auf unsere Art und das bereuen wir auch überhaupt nicht. Es war eine Märchenhochzeit ... ein wahr gewordener Traum.”

Victoria

“Es war ein fabelhafter Tag.”

David

“Man hat mich nicht zur Hochzeit eingeladen. Darüber bin ich immer noch ziemlich enttäuscht.”

Gary Lineker

“Ich hörte Victoria immer wieder sagen: Das ist mein Ehemann.”

David

“Ich wollte nur sagen: ›Ich hab' dich. Ich bin jetzt Victoria Beckham.‹ Da bin ich schon sehr altmodisch.”

“Es gefällt mir schon sehr, den gleichen Nachnamen zu haben wie David. Ich fühle mich jetzt viel ... berühmter. Jeder kennt den Namen Beckham, also ist es ein wunderschönes Gefühl. Ich hatte aber noch keine Zeit, meine Unterschrift zu üben.”

“ Die Flitterwochen waren sehr romantisch. Ich war total entspannt. Im Endeffekt waren es nur vier Tage. Aber es war herrlich, weil wir nur zu dritt waren. Brooklyn war auch dabei. Wir konnten den Gedanken einfach nicht ertragen, von ihm getrennt zu sein. ”

“ Ich glaube, dass David mehr Respekt bekommt [als ich], weil die Leute ihn für talentierter halten. ”

“ David ist manchmal echt frustriert, weil die Leute ihn für blöd halten, nur weil er nicht viel sagt. Aber eigentlich ist er sehr klug. Sehr ... tiefgründig und spirituell. ”

Victoria

“ David hat mir das Selbstbewusstsein gegeben, ein Soloalbum zu machen. ”

“ Prince Charles hat mich gefragt, ob ich mit David ein Duett aufnehme. Ich sagte: Auf keinen Fall! ”

“ Sie war sich nicht sicher, was das Soloalbum anging, und brauchte einen kleinen Schubs. Also bekam sie von mir einen kleinen Schubs. ”

“ Ich lasse ihre Platte beim Autofahren laufen. ”

“ David ist wie ein großer Bruder, und wir werden ihn immer unterstützen. ”

Mel C

Brooklyn mit Grandma (Sandra Beckham)

Der Apfel fällt nicht weit vom Beck

David und Victoria über Schwangerschaft, Elternschaft und die Geburt ihres Sohnes Brooklyn im März 1999

„Ich konnte es nicht glauben, als sie es mir erzählte.“
David übers Vaterwerden

„Er hat nicht aufgehört, von dem Baby zu reden, seitdem er es erfahren hat.“ *Victoria*

„Kinder habe ich schon immer geliebt. Es macht mir nichts aus, mit anzupacken, wenn es schmutzig wird.“
David bereitet sich darauf vor, die Ärmel hochzukrempeln

„Eine von Davids besten Eigenschaften ist es, dass er genauso ein Familienmensch ist wie ich.“

„David kam mit zum ersten Ultraschall und hörte gar nicht mehr auf zu weinen, als er darauf unser Baby sah. Wenn wir darüber reden, lächelt er nur ... er sagt: ›Du siehst wunderschön aus. Du hältst unser Baby warm.‹ Er geht so süß damit um.“

„Gegen Ende meiner Schwangerschaft war ich riesig. Ich saß mit meinem gewaltigen Bauch total nackt in einem Sessel vorm Kühlschrank. David zog mich ab und zu aus dem Sessel hoch, machte den Kühlschrank auf, so dass ich nach Essen greifen konnte, und ließ mich ganz behutsam wieder in den Sessel sinken. Dann sagte er: ›Du siehst wunderschön aus ...‹“

„Einige Tage vor Brooklyns Geburt nahm mein Vater mich zur Seite und sagte: ›Weißt du, wenn das Baby auf der Welt ist und du es zum ersten Mal siehst, wirst du

„Ich bin total bereit, Vater zu werden. Der glücklichste Moment meines Lebens war es, als Victoria mir sagte, dass sie schwanger sei. Ich war so überglücklich, dass mir die Worte fehlten. Obwohl die Schwangerschaft nicht geplant war, habe ich keine Sekunde gezweifelt. Wir wissen beide, was es bedeutet, ein Kind aufzuziehen. Und wir sind beide bereit, diese Verantwortung zu übernehmen.“

David

“David war mit mir im Krankenhaus, als Brooklyn auf die Welt kam. Es war mir überhaupt nicht bewusst, dass draußen Tausende von Menschen warteten, bis ich den Fernseher einschaltete und GMTV vorm Portland Hospital berichten sah. Da habe ich die Krise gekriegt. David sollte die Nacht eigentlich im Nebenzimmer verbringen, aber ich zwang ihn dazu, auf einem Feldbett in meinem Zimmer zu schlafen, so dass jeder, der zu Brooklyn wollte, erst mal über seinen Kopf hinwegtrampeln müsste! ”

Victoria

verstehen, was deine Mutter und ich für dich empfinden. ”

David

“ Victoria redete nur noch davon, was für einen Hunger sie hatte. ”

“ Als Brooklyn geboren wurde, weinte ich. Ich wollte die Nabelschnur durchschneiden, aber der Arzt war schneller. ”

David

“ Sein Name ist Brooklyn Joseph, und wir sind beide überglücklich. Es war eine natürliche Geburt und es gab keine Komplikationen, gar nichts. Victoria ist wohlauf. Sie hat sich aufgesetzt und trinkt Champagner, und hat schon mit den anderen Spice Girls gesprochen. ”

David stellt sich nach der Geburt seines Sohnes der Presse

“ Das Baby ist wunderschön, wie es in den Armen seiner Mutter sitzt. Ich bin sehr zufrieden. ”

“ David und ich erfuhren auf meiner Amerikatournee von meiner Schwangerschaft. Wir waren gerade in Brooklyn, New York. ”

Victoria erklärt, wie Brooklyn Beckham zu seinem Namen kam

“ Er hat Victorias Nase, aber er hat meine Beine, meine Füße und meine Zehen ... genau die gleichen Zehen wie ich. ”

“ Sobald ich Brooklyn zum ersten Mal sah, wurde er zum Einzigen auf der Welt, das wirklich wichtig ist. Er und David. Dieser Moment rückte mein Leben ins rechte Licht. Ich liebe ihn so sehr, dass es weh tut. David empfindet genauso. Er ist ein unglaublich toller Vater. ”

“ Die Vaterschaft ist das beste, das mir je passiert ist. Man kann es nicht übertreffen. ”

“ Ich bin zufrieden, wenn ich die ganze Nacht aufbleibe und Brooklyn beim Atmen zusehe. ”

David

»Brooklyn spielt sehr gut Fußball. Er ist besser, als ich es in seinem Alter war. Das sagt jedenfalls meine Mutter. Auch wenn er eine Menge Spielzeug zur Verfügung hat, greift er als Erstes immer nach dem Fußball ... Es wird interessant werden, wie sich das weiterentwickelt. Ich würde mich echt freuen, wenn er was mit Fußball macht.«

David

»David kann viel besser Windeln wechseln als ich.«

»David hat ein winziges Manchester-United-Fußballtrikot gekauft, auf dem ›Beckham‹ hinten draufsteht. Ahhhh.«

Victoria

»Wir wollten schon immer einen Jungen haben ...«

David

»Brooklyn sieht David total gerne beim Spielen zu. Es ist schön zu beobachten, wie Brooklyn sich amüsiert.«

Victoria

»Natürlich sähe ich es gern, wenn Brooklyn für Manchester United spielt.«

Ted Beckham, Davids Vater

»Brooklyn ist ein hübscher kleiner Kerl – genau wie sein Vater.«

Sandra Beckham, Davids Mutter

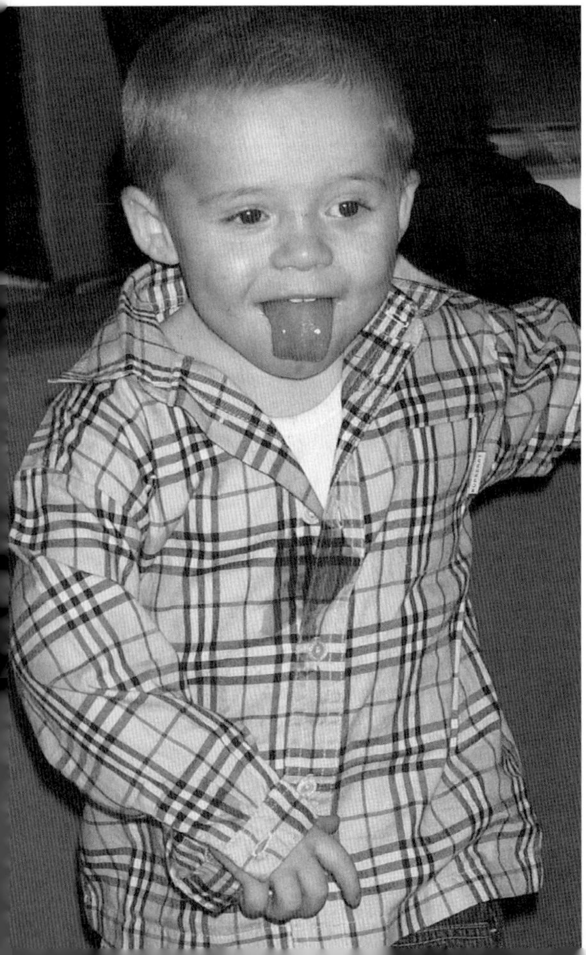

»Wenn Brooklyn David im Fernsehen sieht, schreit er: ›Daddy! Daddy!‹ Es muss für ihn wirklich etwas seltsam sein ...«

Victoria

»Brooklyn hat mich dazu gebracht, mein Leben aus einer ganz neuen Perspektive zu betrachten. Dinge, die früher wichtig zu sein schienen, sind es heute nicht mehr.«

David

»Brooklyn ist das Beste, das mir je passiert ist. Vater zu sein ist wichtiger als Fußball.«

»Es tut echt weh, wenn die Menge im Chor singt: ›Ist das Baby wirklich von dir, Beckham?‹«

»Die Fans beschimpfen mich, weil sie neidisch auf mich sind.«

»Die Presse brachte einiges darüber, wie Brooklyn entführt werden sollte, und es gab auch Drohungen. Aber die Polizei hat fantas-

tische Arbeit geleistet. Brooklyn hat jetzt einen Bodyguard. ❞

Victoria

Im November 2002 erschien in der News of the World ein Bericht über eine angeblich gegen Victorias Familie geplante Entführung. Obwohl die Geschichte Monate später als Ente entlarvt wurde, hinterließ sie bei David und Victoria Spuren:

❝ Ich befinde mich im absoluten und völligen Schockzustand. Diese Leute haben es ernst gemeint, und das hat mir natürlich eine Heidenangst eingejagt. ❞

Victoria

❝ Es war wirklich entsetzlich. Ich wurde im kugelsicheren Auto herumkutschiert und durfte das Haus nicht verlassen. Ums Haus herum saßen Polizisten. ❞

Victoria

❝ In den Medien heißt es oft, dass wir Bilder von Brooklyn verkaufen, aber das stimmt gar nicht. Ich werde total wütend, wenn ich so was lese, weil wir überhaupt

❝ David ist nicht der tollste Tänzer. Er bringt mich um, wenn ich das jetzt sage, aber er steht an der Bar und wiegt sich ein bisschen hin und her, und das war's auch schon. Brooklyn war in meinem Bauch, als ich im Studio und auf Tournee war, also hat er definitiv Rhythmusgefühl. Stell ihn dir bei der Schuldisco vor – ein großartiger Fußballspieler mit einem großartigen Rhythmusgefühl – er wird über große Anziehungskräfte verfügen ... ❞

Victoria

Roca Wear

nicht an so was denken. Wir wollen nicht, dass sein Foto plötzlich auf jedem Titelblatt erscheint. Wenn er das machen möchte, wenn er älter ist, ist das seine Entscheidung. Aber bestimmt nicht jetzt. ”

David

“ Über mich können die Leute sagen, was sie wollen. Aber David und Brooklyn gehören mir. An die kommen sie nicht ran. ”

“ Ich bin schon ein lockerer Typ. Bei mir geht es alles zum einen Ohr rein, zum anderen raus, statt dass es in meinem Kopf drin bleibt. Manchmal ist das schon schwer, weil wir jeden Tag im Rampenlicht stehen. Kein Tag vergeht, an dem nicht irgendwas über uns in den Nachrichten auftaucht. Ja, es ist schwer, aber es macht uns zu einer starken Familie – nur wir drei. ”

“ Wir sind uns beide darüber im Klaren, dass Brooklyn leider nie ein Privatleben haben wird, während er aufwächst. Wahrscheinlich heißt es irgendwann nicht mehr: ›Was machen David und Victoria gerade‹, sondern nur noch: ›Was macht Brooklyn gerade?‹; ›Wer ist die erste Freundin von Brooklyn?‹ oder ›Brooklyns neues Auto.‹ Aber als Eltern versuchen wir, ihn so viel wie möglich zu beschützen. ”

David

David über künftige Erweiterungen des Beckham'schen Haushalts.

“ Ich glaube, dass wir vielleicht noch ein paar Kinder haben werden. Ich glaube aber nicht, dass noch mehr Namen auf meine Fußballschuhe passen! Normalerweise stand nämlich immer der Name ›Beckham‹ vorne auf der Zunge, aber jetzt steht da ›Brooklyn‹, mit ›Beckham‹ auf der Rückseite. Adidas waren damit glaube ich auch ganz zufrieden! ”

“ Ich kann nicht in Worte fassen, was ich für Brooklyn empfinde. Es gibt eine Verbindung zwischen uns dreien, die anfing, als er noch in Victorias Gebärmutter war. Es ist unglaublich. Wir sind jetzt eine richtige Familie. ”

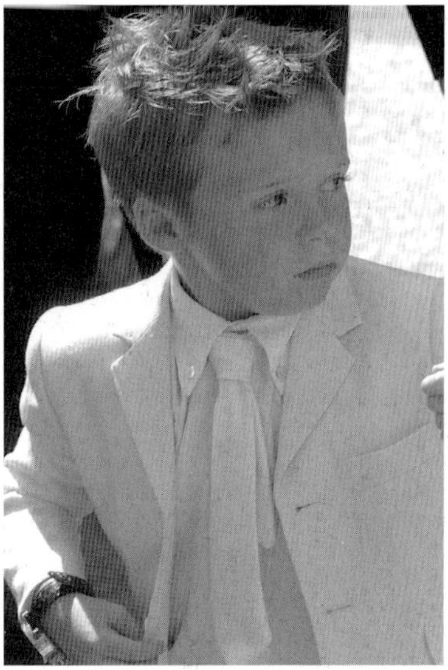

“Mein ganzes Leben bekam mit der Geburt unseres ersten Sohnes Brooklyn eine neue Bedeutung. Es war ein fantastisches Erlebnis und zeigte mir, was wahres Glück bedeutet. Es gibt viel, wofür ich in meinem Berufsleben und im Privatleben dankbar bin. Ich bin mit der Frau zusammen, die ich liebe, und wir haben ein wunderschönes Kind. Ich spiele für den größten Fußballverein der Welt und bin mit einem Talent gesegnet, das es mir erlaubt, auch für mein Land zu spielen.”

David

UMBRO
ENGLAND
FIFA WORLD CUP
FRANCE 1998
7
UMBRO
ILIPS

Ärger mit Argentinien und Goal gegen Griechenland

David Beckhams zwei wichtigste Spiele: Sein Platzverweis im WM-Spiel 1998 gegen Argentinien und Englands Kampf gegen Griechenland um die WM-Qualifikation 2002 …

Beckhams schlimmster Fußballmoment fand sicherlich 1998 während der WM in Frankreich statt. Im Achtelfinale gegen den alten Kontrahenten Argentinien wurde er nach einem Foul gegen Diego Simeone kurz vor Ende der ersten Halbzeit vom Platz verwiesen. Auf zehn Mann reduziert verlor England anschließend das Spiel und schied aus dem Turnier aus.

“ Ich habe mich in meiner ganzen Karriere noch nie so auf etwas gefreut wie auf die WM ’98. Wie alle Fußball begeisterten Kinder wuchs ich damit auf, im Fernsehen die besten Spieler um die größte Ehrung des Sports kämpfen zu sehen. Was dann passierte, war … bedauerlich. ”

“ Es war wie bei der Kennedy-Geschichte: ›Wo warst du in der Nacht, als der Präsident erschossen wurde?‹ Im elisabethanischen Zeitalter wäre Becks in den Tower geschickt worden, und sie hätten ihm die Füße abgehackt! ”

Richard E. Grant

Gary Lineker

“Ich saß zu der Zeit für England auf der Bank. Ich sah, wie David nach dem Argentinier trat, und dachte: ›Er ist raus.‹”

Paul Merson

“Ich schrie: ›Was machst du denn? Was machst du denn?‹!”

Supermodel Jodie Kidd

“Ich konnte nicht glauben, dass der Schiri ihn wegen so eines harmlosen kleinen Tritts vom Platz verwies.”

Gary Lineker

“Lass uns mal so sagen: Der Schiedsrichter ist in eine Falle getappt. Die war auch schwer zu vermeiden, weil ich gut gefallen bin, und in solchen Augenblicken ist die Lage eh schon angespannt. Man könnte sagen, dass mein Fallen eine gelbe Karte in eine rote Karte verwandelt hat. In Wirklichkeit wäre die gelbe Karte die angemessene Strafe gewesen. Natürlich war ich schlau. Indem ich mich fallen ließ, brachte ich den Schiedsrichter dazu, sofort die rote Karte zu zücken. Dabei ist es gar kein heftiges Austreten gewesen. Es war nur ein kleiner Tritt ohne Kraft dahinter ... wahrscheinlich ein Reflex. Aber der Schiedsrichter stand direkt daneben und bestrafte seine Absicht, es mir heimzuzahlen.”

Diego Simeone, der argentinische Nationalspieler, den David ›getreten‹ hat

“Der Platzverweis war überschaubar. Die Regeln sind eindeutig bezüglich Tretens oder versuchten Tretens nach einem Gegenspieler. Wenn ich ihn nicht vom Platz verwiesen hätte, wäre ich wegen Regelwidrigkeit bestraft worden. Aber die Reaktion nach dem Spiel hat mich doch überrascht ...”

Schiedsrichter Kim Milton Neilson

“Dieser Schiri hat beinahe Davids Leben ruiniert. Es ist mir schleierhaft, wie Beckham damit fertig geworden ist. In den nächsten Tagen las man in der Zeitung, dass Leute ihm per Post Kugeln geschickt haben, die er sich geben sollte. Ich glaube, ich wäre in die ferne Mongolei ausgewandert.”

Paul Merson

“Zehn heldenhafte Löwen, ein dummer Junge.”
Schlagzeile des Daily Mirror

“Grundsätzlich ist es sicherer, mit Journalisten nichts zu tun zu haben. Sie setzen Spieler, Trainer und sogar Schiedsrichter unnötig unter Druck. Ich frage mich immer, wie Leute, die behaupten, dass sie den Fußball lieben, ihm so großen Schaden zufügen können.”
David

“Es ist nicht nötig, nach einem Sündenbock zu suchen. David hat es nicht mit Absicht gemacht. Es war ein Fehler, und aus diesem Fehler wird er lernen. Er ist immer noch sehr jung, und für ihn wird es natürlich sehr schwer, mit der ganzen Kritik umzugehen.”
Glenn Hoddle,
ehemaliger englischer Nationaltrainer

“Natürlich habe ich den Moment immer wieder durchlebt. Zwei Tage, bevor es gegen Argentinien ging, war ich ein Held. Am Tag danach wollten sie mich lynchen. Menschen können so wankelmütig sein.”

“Wir werden wegen dieses Vorfalls einen noch besseren David Beckham zu sehen bekommen.”
Phil Neville,
Davids Mannschaftskamerad
bei Manchester United und England

“Nach der WM '98 ging ich direkt nach Amerika, also bekam meine Familie das Schlimmste davon ab, was eigentlich auf mich gerichtet war. Das war für sie eine große Sache, weil sie an so etwas nicht gewöhnt sind. Normale Leute sind nicht daran gewöhnt, 20 oder 30 Journalisten vor der Haustür stehen zu haben. Meine Mutter, mein Vater und meine restliche Familie sind erstaunlich gut damit umgegangen.”

“Die Beschimpfungen, die dieser Junge ertragen musste …”
Schauspieler James ›Cold Feet‹ Nesbitt

“Mich auszubuhen war wohl die Art der Fans, sich an mir zu rächen.”

ENGLAND

Ärger mit Argentinien und Goal gegen Griechenland

"Was David durchmachen musste, war haarsträubend. Ich konnte es einfach nicht verstehen. Die Leute können über einen sagen, was sie wollen, aber er antwortete allen mit seiner Leistung auf dem Platz."

Gary Neville

David mit Gary Neville

" Eigentlich fühle ich mich auf dem Spielfeld am sichersten. Obwohl ich hören kann, was die Leute sagen oder singen, kann ich mich noch konzentrieren und das Spiel genießen. Ich kann sie ruhig stellen, indem ich ein Tor schieße. "

" David muss sich damit herumschlagen, dass sehr viele Leute über ihn ablästern. Machen sie das in Italien mit Ronaldo? Ich glaube kaum. Sie stellen ihn auf ein Podest und sagen: ›Toller Kerl. Du bist ein talentierter Spieler, der hart arbeitet.‹ Wenn David ins Ausland ginge, hieße es garantiert: ›Oh, warum geht er denn?‹ Na, was denkt ihr wohl??? "

Victoria

" Ich kam an einen Punkt, wo ich kein Licht mehr am Ende des Tunnels sah. Es gab nichts, was ich hätte tun oder sagen können, damit das aufhört ... "

" Es wird offensichtlich schwierig, wenn die Leute anfangen, deinen Kopf als Dartscheibe zu benutzen ... "

Victoria

" Die Buhrufe hatten keinen Einfluss auf sein Spiel, er spielte nämlich jedes Mal fantastisch, sobald er in einem Trikot von Manchester United oder England steckte. "

Michael Owen

" Ich hab's einfach ausgesessen. Das war schon immer meine Mentalität. Ich habe auch schon früher in meiner Karriere Tiefpunkte gehabt, und ich suchte einfach nach einer Gelegenheit, den Leuten zu zeigen, dass ich mein Bestes gebe – für meinen Verein und für mein Land. "

" Die Spieler und Fans von Manchester United haben nie an mir gezweifelt, und das ist auch der Grund, warum ich immer noch hier bin und gut spiele. "

" David hat großes Talent und eine wunderbare Einstellung zum Spiel. Er will ein großartiger Fußballer sein. Leider gerät er manchmal mit dem Regelwerk in Konflikt ... das ist hier vorgefallen. Unglücklicherweise waren die Konsequenzen enorm. "

Glenn Hoddle,
ehemaliger englischer Nationaltrainer

„Im Endeffekt machte mich der Platzverweis reifer und ließ mich einige Dinge über mich selbst erkennen ..."

„Den WM-Vorfall hätte ich ohne Victoria nie durchgestanden. Sie sagte nichts, sie nahm mich einfach in den Arm. Sie war knapp im zweiten Monat schwanger – was keiner außer uns beiden wusste. Im Endeffekt war sie glaube ich genauso froh, mich zu sehen wie umgekehrt. Sobald ich bei ihr war, wusste ich, dass ich das schon schaffe."

„Das letzte Jahr muss für David echt schwer gewesen sein. Es war ein Witz, und zwar ein schlechter Witz, wie die Leute ihn verspottet haben, sobald er im Ballbesitz war. Er hat es aber hervorragend gemeistert und spielt besser denn je. Ich hoffe, dass wir ihm dabei helfen konnten. In der Umkleide gibt es keine Superstars, also haben wir ihn alle damit aufgezogen. So läuft das halt bei uns – man verarscht sich gegenseitig. Lachen nimmt den Druck weg und schweißt einen enger zusammen."

Ryan Giggs, Teamkollege
bei Manchester United

„Bei diesem Spiel standen England ein Berg an Mut und ein Maulwurfshügel an Glück zur Verfügung. Leider geschahen gewisse Dinge, die ... nicht hätten geschehen sollen."

Premierminister
Tony Blair

“Er kam nach dem WM-Turnier zurück, nachdem er einen Fehler gemacht hat, der jedem von uns hätte passieren können, und das ganze Land war bereit, ihn deswegen zu begraben. Er hat sich aber zurückgekämpft und Reife bewiesen. Er hat den Sticheleien nichts Verbales entgegengesetzt, sondern sein großartiges Talent als Fußballer. Das war der beste Weg.”

Alan Shearer

“Wir dürfen nicht vergessen, dass er ein fantastischer Fußballer ist ... darauf kommt es schließlich an.”

Alan Shearer

“Seitdem habe ich das Spiel etliche Male auf Video gesehen, und ich würde keine Entscheidung rückgängig machen.”

Schiedsrichter Kim Milton Nielsen

“Wenn es mir schlecht geht und ich überlege: ›Warum denken die Leute so über mich?‹ oder ›Warum sagen die solche Dinge?‹, dann muss ich nur meinen eigenen Ehemann anschauen um zu sehen, wie jemand alles wieder um 180 Grad drehen kann.”

Victoria

“Der Vorfall im Spiel gegen Argentinien verfolgt mich nicht mehr. Viele Leute hätten das wohl gern, glaube ich. Aber man entwickelt sich weiter. Muss man auch, sonst setzen solche Dinge einem zu. Ich habe mich weiterentwickelt und bin deswegen zu einem stärkeren Menschen geworden.”

“Den argentinischen Spielern zufolge war Beckhams Tritt [nach Diego Simeone] der schlechteste, den sie je gesehen hatten. Den englischen Spielern zufolge war es gar nichts. Es gibt Kriege auf der Welt ... überall sterben Menschen. Aber in England haben alle das größte Problem damit, wenn ein einziger Spieler bei einem Fußballspiel einen winzigen Fehler macht. Das ist übel.”

Kim Milton Nielson

“Es gibt Wichtigeres im Leben als Fußball.”

David

DIE WM-Qualifikation

Am 8. Oktober 2001 spielte England im »Old Trafford« gegen Griechenland. Bei einem Sieg oder Unentschieden qualifizierte sich das englische Team automatisch für die Teilnahme an der WM 2002. David Beckhams Beitrag zu diesem Spiel sicherte ihm einen ewigen Platz in der Fußballgeschichte ...

„Das ist das Spiel, das wir gewinnen müssen, um in die WM zu kommen. Es bedeutet den Spielern unglaublich viel. Wir wissen auch, dass es dem ganzen Land unglaublich viel bedeutet. Wir haben in den letzten Monaten aber so viel trainiert, dass wir gar nicht verlieren können. Es liegt in unseren Händen. Jetzt geht's um alles oder nichts.“

David

„Wir haben nicht so gut gespielt, besonders in der zweiten Hälfte. Griechenland hatte das 1:0 zur Halbzeit verdient.“

Sven Goran Eriksson,
englischer Nationaltrainer

„Teddy ist ein netter Kerl und ein großartiger Spieler. Wir sind beide aus London, also verstehen wir einander wenigstens!“

David

„David Beckham zog die englische Mannschaft in den letzten fünfzehn Minuten an ihren Haaren aus dem Sumpf.“

Mark Lawrenceson von Match Of The Day

„Beckham stellt sich zum Freistoß auf. Wird das einer dieser großen Momente?“

Martin Tyler

„Große Spieler sind großen Herausforderungen gewachsen.“

Henry Winter, The Daily Telegraph

„*Wir kamen einfach nicht in Gang. Die Fans regten sich auf. Wir regten uns auf. Panik machte sich breit. Wir mussten einfach alles geben, und ich glaube, der Kapitän zeigte uns, wie. David lief sich die Füße ab, zeigte ungeheure Leistung. Das haben wir alles ihm zu verdanken.*“

Teddy Sheringham

„Als Becks den Ball hinlegte, rief ich ihm zu: ›Das ist unsere letzte Chance.‹ Er wusste, dass er nur 20 Sekunden hatte, um uns zu retten. Er wusste, dass wir in die Relegation gehen würden, wenn er nicht traf. Aber wenn es jemanden gibt, der mit einem solchen Druck umgehen kann, dann Becks."

Gary Neville, englischer Verteidiger

„Die Spannung war einfach zu viel für mich ..."

Joanne Beckham, Davids Schwester

„Zum Glück haben wir den besten Spieler der Welt, wenn es um Freistöße geht ..."

Sven Goran Eriksson

„Ich wusste, dass die Würfel mit meinem Schuss fallen würden ..."

„Als er sich zum Freistoß aufstellte, hoffte ich so sehr, dass er treffen würde. Ich kann das Gefühl gar nicht beschreiben, als der Ball reinging. Es war einfach fantastisch ... Ich war so stolz auf ihn."

Victoria

„Ja, ja für England! David Beckham hat es geschafft!"

Martin Tyler

„Um ehrlich zu sein, *musste* einer davon reingehen. Ich hatte einige Freistöße gehabt und die meisten davon sind danebengegangen. Aber dann kam die Chance. Teddy sagte zu mir: ›Ich mach das schon.‹ Aber ich dachte: ›Es ist ein bisschen zu weit draußen für ihn.‹ Irgendwie sah ich es schon vor mir ... Ich hatte ein gutes Gefühl."

David

„Sobald David das Tor geschossen hatte, mussten wir nur noch den Schlusspfiff abwarten ..."

Martin Keown, englischer Verteidiger

„Als das Spiel endlich vorbei war, gratulierte Beckham jeder auf dem Feld. Ein großartiges Tor. Ein unglaublicher Spieler. Ein absoluter Held."

Trevor Brooking, ehemaliger englischer Stürmer

Joanne Beckham, Davids Schwester

Ärger mit Argentinien und Goal gegen Griechenland

“ Wenn man daran denkt, was er nach dem Platzverweis gegen Argentinien in der WM '98 über sich ergehen lassen musste, war es eine phänomenale Wendung. Für seine englischen Mannschaftskollegen war er auf jeden Fall der King. ”

Nigel Martyn, englischer Torwart

“ Als Kapitän war David der Herausforderung gewachsen. Man merkte, was für ein Respekt ihm von den Teamkollegen entgegenschlug. Er verkörpert alles, was am englischen Fußball gut ist. ”

Adam Crozier, FA-Boss

“ Bei David Beckham spricht jeder von Talent, aber für mich geht es um Einsatz. Als England sich abstrampelte und einen Helden brauchte, stand er bereit. Er ist ein Vorbild während und nach dem Spiel, ein wahrer Kapitän. ”

Henry Winter, The Daily Telegraph

„Ich habe noch nie etwas so Dramatisches erlebt wie dieses Spiel. Das geht alles auf Davids Konto."

Trevor Francis, ehemaliger englischer Stürmer

„David sorgte für eins der besten Spiele, das ich je gesehen habe. Er war ein echter Kapitän für sein Land, und ich bin so froh, dass er dieses Tor geschossen hat."

Sven Goran Erikkson

„Es war nicht der schönste Fußball, den wir je gespielt haben. Sie kamen immer wieder hoch und wir mussten immer weiter kämpfen. Aber wie ich schon sagte, war die Willensstärke unserer Spieler unglaublich. Eine so junge Mannschaft, die 1:0 im Rückstand ist, den Ausgleich schafft, dann 2:1 im Rückstand ist und wieder den Ausgleich schafft ... das zeigt, wie sehr wir den Sieg wollten."

David

„England zeigte eine schwache Leistung. Aber David Beckham tat alles für den Sieg, so wie es die ganz Großen nun mal zu tun pflegen. Er zeigte mehr Einsatz als jeder andere und spielte besser als jeder andere. Er trat zeitweise ganzen Klumpen von griechischen Verteidigern alleine entgegen. Es war erstaunlich."

Paul Hayward, The Daily Telegraph

„Griechenland machte uns den Sieg sehr schwer. Sie sind eine extrem fähige Mannschaft. Ja, es war ein hartes Spiel, aber wir zeigten die notwendige Entschlossenheit."

Rio Ferdinand, englischer Verteidiger

„Jetzt, wo alles vorbei ist, müssen wir ehrlich sein. England hat eine schwache Leistung gezeigt. Wenn man Griechenland gegenüber fair sein will, muss man zugeben, dass Englands Tore aus Freistößen resultierten, die für vermeintliche Fouls erteilt wurden. Im Grunde haben wir uns durchgemogelt. Aber jetzt, wo das mal gesagt wurde, glaube ich schon, dass England eine gute Chance hat, die nächste WM zu gewinnen."

Patrick Barclay, The Sunday Telegraph

„Der Schiedsrichter vergab eine ganze Reihe von Freistößen für David Beckham. Beide englischen Tore wur-

„Beckhams Leistung war einmalig. Ich habe noch nie zuvor gesehen, wie ein einziger Spieler bei einem Nationalspiel ein ganzes Team trägt. Nicht Johan Cruyff, nicht Maradona, nicht Zidane. Er nahm England in seine Arme und trug sie ihrer eigenen Leistung zum Trotz in die Qualifikation. Eines Tages ... wird die Queen einem sehr stolzen Staatsangehörigen die höchste nationale Ehre gewähren: David Beckham. Es bleibt nur eine Frage offen: Worauf warten Sie noch, Ma'am?"

John Sadler, The Sun

“David Beckham spielte praktisch allein gegen Griechenland.”

John Motson

den aus Freistößen heraus verwandelt, als es überhaupt kein Foul gegeben hatte. England ist das Land der Gentlemen, aber ich muss sagen, der Schiedsrichter war inakzeptabel.”

Otto Rehhagel, griechischer Coach

“David gewann dieses Spiel. Er spielte wie ein wahrer Meister und bewies, dass er wirklich der beste Spieler der Welt ist. Im Moment liebe ich ihn.”

Frank Skinner, Comedian

“Es sah so als, als würden wir aus dem Wettbewerb ausscheiden, aber wir haben es dann doch noch geschafft … dank David Beckham.”

Michael Parkinson, Fernsehmoderator

“David Beckham sollte zum Ritter geschlagen werden. Es war ein großartiges Erlebnis und ich weine immer noch.”

Sir Richard Branson

“So ein Drehbuch wäre mir nie eingefallen. Kapitän der Nationalmannschaft zu sein und im ›Old Trafford‹ das Tor zu schießen, das uns die WM-Qualifikation beschert. Das ist doch der Stoff, aus dem Märchen sind, oder?”

“Ich bin heute sehr stolz darauf, Frau Beckham zu sein.”

Victoria

“Captain Golden Balls!” *The Sunday People*

“Heute habe ich dem Spitznamen alle Ehre gemacht, den meine Frau für mich hat. Ich bin mir sicher, dass Victoria mich heute Nacht ›Golden Balls‹ nennen wird!”

David

12

Der Blick durchs Schlüsselloch

David und Victoria über das Leben im »Beckingham Palast«, Kochkünste und den Preis des Ruhmes …

“ Es ist ein wunderschönes Heim. Es hat zwei Jahre gedauert, bis es fertig war, und wir haben uns beide sofort darin verliebt. Das Haus hat sechs Schlafzimmer, und jedes steht unter einem bestimmten Motto. Unser Schlafzimmer ist sehr ruhig gehalten, mit viel Weiß, und Brooklyns Zimmer ist unglaublich toll! Ich habe zu David gesagt: ›Kannst du es fassen? Wir sind 26 und 27 und wir haben keine Hypothek.‹ Das ist schon eine Leistung. ”

“ Wir haben zu Hause ein Fußballfeld für David und Brooklyn gebaut. Es ist ein richtiges Feld mit unterirdischer Bewässerung. Und was machen die beiden? Mami ins Tor stellen. Kannst du dir das vorstellen? Ein Windstoß und ich liege am Boden! ”

“ Ich kann stundenlang völlig zufrieden vorm Fernsehen sitzen und David anschweigen. ”

“ Zum ersten Mal in meinem Leben bin ich glücklich. Für David bin ich nicht Posh Spice und für mich ist er kein berühmter Fußballstar. Wir kuscheln lieber auf dem Sofa, gucken *Blind Date* und essen was vom Imbiss, als in einen Club zu gehen. ”

“ Ich bin keine gute Hausfrau. Ich kann eigentlich gar nicht kochen, also mache ich diese Fertiggerichte, die man oben einsticht und ein paar Minuten lang in den Ofen schiebt. David macht aber alles. Er kocht, er putzt, er ist großartig. ”

“ David hat diese Zwangsneurose, alles muss zusammenpassen. Wenn du einen Blick in unseren Kühlschrank wirfst: Alles ist aufeinander abgestimmt. Wenn da drei Dosen Diet Coke stehen, schmeißt er lieber eine weg, als drei stehen zu lassen – das ist eine ungerade Zahl. ”

“ David und ich haben diese richtig schrillen Karopyjamas. Dazu trage ich riesige Hausschuhe mit Stoffhunden drauf. Die Hausschuhe sind super, aber wenn man darin nicht richtig läuft, fällt man die Treppe runter und bricht sich das Genick! ”

“ Ich würde lieber mit David in einer Sozialwohnung leben als ohne ihn im ›Beckingham Palast‹. ”

Im Mai 2003 gaben David und Victoria £ 1,5 Millionen Pfund für eine Ferienwohnung in Südfrankreich aus.

“ Sie haben sich in Südfrankreich verliebt und den idealen Fleck zum Leben gefunden. Das Haus liegt inmitten von Wäldern und Wiesen an einer natürlichen Quelle. Sehr romantisch. David und Victoria sind beide entzückt. ”

Ein enger Freund beschreibt das Traumhaus

Der Preis des Ruhmes ...

“ Mein erstes Auto kostete £80.000. Meinem Vater gefiel es aber nicht. Er findet es ganz nett, aber es ist nicht die Art von Auto, die er sich kaufen würde. Er würde ein großes, bequemes ... genau! ”

David

“ Ich kann dir genau sagen, was ich für Essen und Benzin ausgebe und wie viel meine Kfz-Versicherung kostet. Ich schaue auf den Preis, weil ich nicht soviel Geld habe, wie alle denken. Ich tu ja nicht so, als ob ich pleite wäre, aber ich besitze nicht 28 Millionen Pfund! David guckt nie auf den Preis. Das ist die einzige Sache, zu der wir unterschiedliche Meinungen haben. Aber ich will mal nicht rumnörgeln. Ich bin schließlich da, um ihn glücklich zu machen. ”

Victoria

“ Die Leute lesen in der Zeitung, wie viel Geld ich angeblich verdiene, wo ich wohne, wohin ich in Urlaub fahre. Sie denken wahrscheinlich: ›Großkotz!‹ So sehe ich mich aber nicht. ”

David

“ David und ich tun viel für die Wohlfahrt. Wir signieren dauernd irgendwelche Sachen wie Fußballtrikots und lassen sie versteigern. Aber wir versuchen, diesen Teil unseres Lebens privat zu halten. ”

Victoria

“ Die Hunde essen besser als David und ich. Sie bekommen ihr Abendessen jeden Tag von Marks & Spencer. Sie verschlingen ungefähr zehn Hühner. Das ist wie Pferde füttern! ”

Victoria

“ Ich gehe eigentlich nicht oft unter Leute. Man kann die Male an einer Hand abzählen, an denen David und ich auf Premieren oder Eröffnungspartys waren. Wir gehen Samstag abends aus und wir besuchen unsere Familie. Ich habe einige wirklich gute Freunde, aber die Leute überraschen dich immer wieder, wenn sie zu den Zeitungen laufen und dich verraten – Freunde, ehemalige Angestellte, Exfreunde ... Es fällt einem mittlerweile schon schwer, den Leuten zu vertrauen. ”

Victoria

“ Ich war noch nie im *Stringfellows*. In so einen Nachtclub würde ich nie gehen. ”

David

“ Ich gehe nicht in Clubs, also treffe ich nicht viele Leute. Ich hüte mich vor jedem. Ich glaube, das muss man auch. ”

David

“ Zu Hause können die Dinge schon schwierig werden. Zum Beispiel sind die Vorhänge immer zugezogen. Ich

Urlaub in Dubai

habe überhaupt keine Privatsphäre. Ich weiß überhaupt nicht, wann ich in meinem eigenen Haus zum letzten Mal Tageslicht gesehen habe. ”

David

“ Victoria und ich können nicht soviel Zeit miteinander verbringen, also machen wir alles zusammen, wenn wir uns mal sehen. ”

“ Sobald die zwei aus der Tür treten, ist es ein ewiger Kampf für sie, überhaupt irgendwas ungestört tun zu können. ”

Dane Bowers

“ Ich würde gerne jeden Morgen neben David aufwachen und jeden Abend mit ihm zusammen essen. Und ich bin mir sicher, dass das eines Tages auch so sein wird. Aber im Moment sind wir beide sehr beschäftigt. Voneinander getrennt zu sein macht die Zeit aber besonders, die wir zusammen verbringen. ”

“ Ich sehne mich danach, dass wir die ganze Zeit zusammen sein können. Manchmal sehe ich ein Paar, das gerade von der Arbeit kommt und im Auto sitzt. Sie trägt ihr *Barclays Bank*-Namensschild und er sein *Dixons*-Namensschild, und sie fahren zum Abendessen nach Hause. Manchmal sieht das in meinen Augen richtig nett aus, aber wir wollen schließlich alle das, was wir nicht haben. Ich bin mir sicher, dass das Paar nach Hause fährt und denkt: ›Mann, ich wünschte, wir wären wie Posh und Becks. Ich wünschte, wir müssten uns keine Gedanken darüber machen, wie wir das Haus abbezahlen sollen.‹ David und ich werden aber eines Tages jeden Tag zusammen verbringen. Fußballspieler gehen sehr früh in Rente. ❞

❝ Ja, ich nehme meine Karriere und meine Familie sehr ernst, aber ich gebe gerne zu, dass David und ich ein seltsames Leben führen. Man muss dabei einen Sinn für Humor mitbringen. ❞

❝ Die Leute halten mich für ein verzogenes Miststück. Sie glauben, dass mir alles egal ist außer Prada und Gucci, dass ich David herumkommandiere und ihm befehle, was er anzuziehen hat. In den Köpfen der meisten Leute halte ich mich für die Königin von England. Und so bin ich *überhaupt* nicht. Aber die Leute glauben oft das, was sie lesen. Ich beschwere mich nie darüber, was über mich geschrieben wird, aber wenn ich dieses Zeugs lesen würde, könnte ich mich wahrscheinlich auch nicht leiden! Wenn David und ich was über ›Posh und Becks‹ in der Zeitung lesen, denken wir: ›Verdammt, wir hassen diese zwei!‹ ❞

adidas
adidas
FINALE

Es ist eine Herausforderung, gegen die besten Spieler der Welt Fußball zu spielen.

Zuhause können die Dinge schwierig sein. Die Vorhänge sind zum Beispiel immer zugezogen. Ich habe überhaupt kein Privatleben.

ENGLAND
7

adidas

Ich mag Victoria um ihrer selbst Willen. Ich hätte sie auch gemocht, wenn sie im Supermarkt gearbeitet hätte.

Ich habe viel von Fußball geträumt, und viele Träume sind wahr geworden.

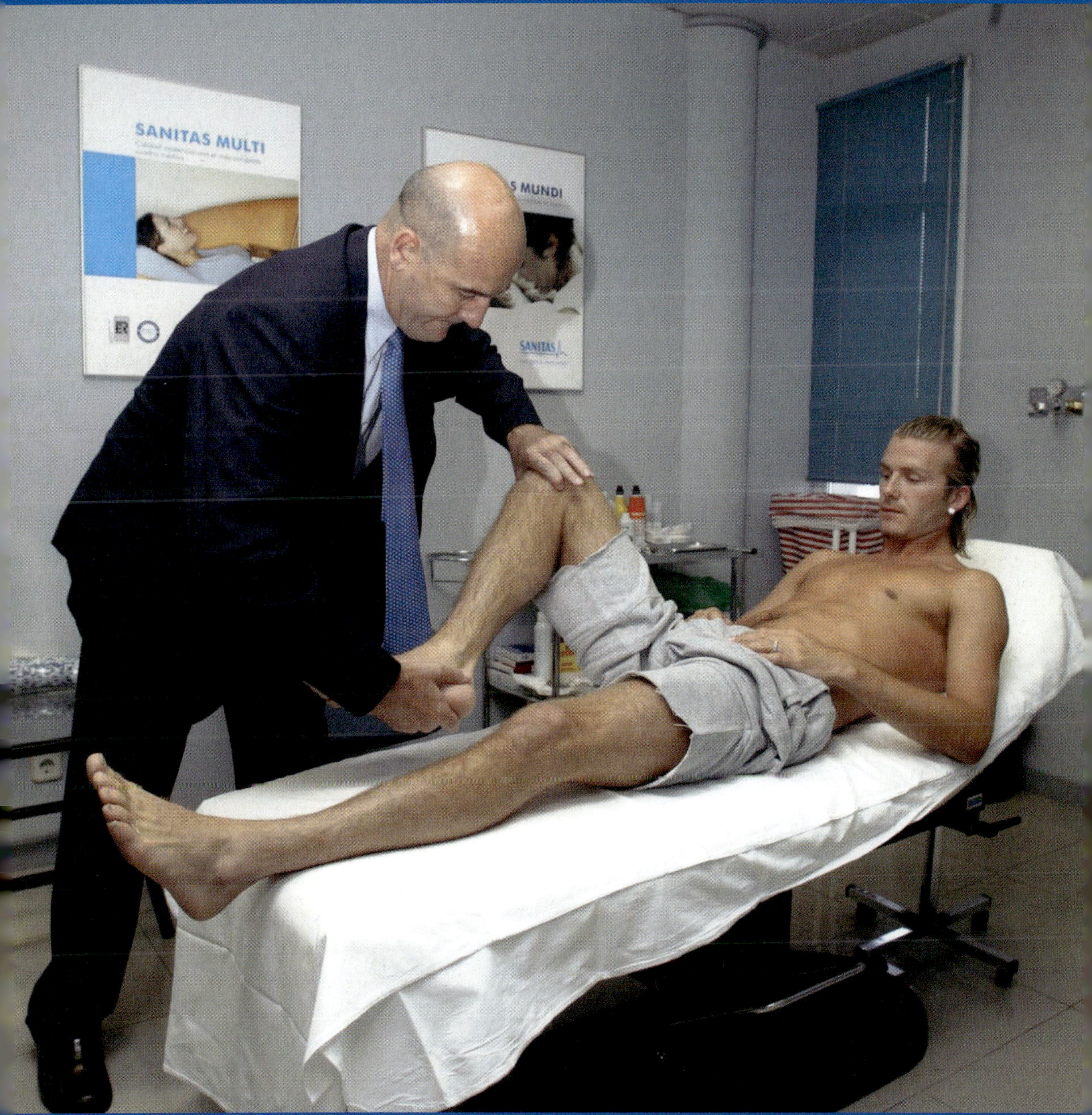

Starschnitt

Die Großen und Großartigen sagen ihre Meinung

“Über David wird so viel berichtet, weil er ein junger Ausnahmefußballer ist, der eine Popstarfrau hat und ein Popstarleben führt. Er steht dauernd im Rampenlicht, aber manchmal denke ich, dass er es darauf anlegt. Jamie Redknapp ist mit Louise verheiratet, aber man sieht sie nicht jeden Tag in der Zeitung. Victoria hat ab nächste Woche ihre eigene Fernsehshow, und für sie ist es fantastische Werbung ... für ihn nicht. Beckhams hier, Beckhams da – auf der Titelseite, im Mittelteil und auf der Rückseite! ”

Fußballexperte Mark Lawrenson

“David und Victoria gehen unglaublich gut mit den Medien um. Sie müssen eine sehr starke Beziehung haben, um damit zurechtzukommen. Ich habe Victoria bei Spielen getroffen, und sie ist wirklich freundlich – ein durch und durch nettes Mädchen. Wissen Sie was? Manchmal setzen sie sich der Kritik aus, aber ich würde nicht im Traum dran denken, ihnen Ratschläge zu erteilen. ”

Popstar Louise Nurding alias Mrs. Jamie Redknapp

“Davids Lifestyle, seine Ehe ... er steht sehr stark im Blickpunkt der Öffentlichkeit. Es gab noch nie einen Spieler, der wie er eine Flanke geben kann. Manchmal wird aber über andere Dinge mehr berichtet. ”

Kevin Keegan

“David ist echt ein cooler Typ. ”

Truestepper Dane Bowers

“David Beckham hat eine Gabe von Gott bekommen, und die nutzt er auch. ”

Kevin Keegan

Sacha Baron Cohen* alias *Ali G

“ David Beckham ist offensichtlich Gott. ”

Angus Deayton

“ Jeder Junge will in Beckhams Schuhen stecken und jeder Mann will in seiner Alten stecken. ”

Sacha Baron Cohen alias Ali G

“ David und Victoria stehen unter meinem Schutz, sie sind gute Freunde. ”

Sir Elton John

“ Man wird nicht zu einem der ganz großen Fußballer und manipuliert die Medien je nach Lust und Laune, ohne ein Gehirn zu haben. David ist sehr clever und verbirgt dieses Gehirn meist vor uns allen. Das ist ziemlich raffiniert. ”

Piers Morgan, Herausgeber des Daily Mirror

“ Es ist unmöglich, das zu erreichen, was David erreicht hat, wenn man dumm ist. Leute, die das glauben, sind entweder sehr naiv oder ganz einfach ignorant. ”

Dane Bowers

“ Man muss David Beckham nicht sprechen hören. Man muss ihm nur beim Fußballspielen zusehen. Da spricht er eine globale Sprache. ”

Richard E. Grant

“ Und Sie müssen der berühmte Fußballstar sein. ”

Madonna trifft David zum ersten Mal

Ali G beim Interview mit David und Victoria für »Children In Need«: “ Also, wenn Brooklyn groß ist, soll er dann ein Fußballer werden wie sein Vater oder ein Sänger wie ... Mariah Carey? ” *Victoria*: “ Ich hoffe, dass er ein Fußballer wird wie sein Vater, und dass ich eine Sängerin werde wie Mariah Carey. ”

“ Das Interview mit Ali G war zum Schießen. Aber wenn man Victoria und David kennt, merkt man, dass sie sehr witzig sind und einen tollen Sinn für Humor haben. Sie haben kein Problem damit, sich über sich selbst lustig zu machen. ”

Emma Bunton

Richard E. Grant

„Ich habe einige der größten Namen im Musikgeschäft getroffen, aber David Beckham ist der Allergrößte. Er ist ein brillanter Fußballspieler, und ihn zu treffen war mir eine wahre Ehre.“

Usher, R&B-Superstar

„Posh and Becks? Ohne sie wären die Journalisten doch aufgeschmissen!“

Mick Hucknall von Simply Red

„Diese Frau fragte mich: ›Sind Sie so dünn, weil Sie den ganzen Tag vögeln?‹ Und ich sagte: ›Um ehrlich zu sein, ja. Und ich wette, Sie wären es auch, wenn Sie mit David Beckham verheiratet wären!‹“

Victoria verrät ihr Diätgeheimnis

„Ich würde £50,000 für ein Interview mit David Beckham bezahlen. Es interessiert die Leute brennend, was er zum Frühstück isst.“

Piers Morgan

„Davids Nachname ist wie eine Marke. Die Werbefritzen denken dabei bestimmt: Bingo!“

Richard E. Grant

„Ich bin in jeder Hinsicht so was von unsportlich. Ich wüsste noch nicht mal, welches Ende eines Tennisschlägers ich benutzen sollte. Ich stehe im Tor und David und Brooklyn schießen mit Fußbällen auf mich!“

Victoria beschreibt, wie es ist,
für Fabian Barthez einzuspringen

„David Beckham ist eine enorm wichtige Figur der Popkultur und inzwischen wahrscheinlich das einflussreichste männliche Vorbild für jeden zwischen fünf und sechzig in Großbritannien. Er hat mit vielen strengen traditionellen männlichen Codes der Arbeiterklasse gebrochen und bewiesen, dass er das Potenzial hat, viele Jungen und Männer dahingehend zu beeinflussen, es ihm gleich zu tun; zum Beispiel die Homosexualität als einen Teil des Lebens zu akzeptieren. Es bleibt zu hoffen, dass der Nebeneffekt darin bestehen wird, die Welt in einen besseren, toleranteren Ort zu verwandeln.“

Dr. Andrew Parker
von der Warwick University

Im Januar 2003 drangen Einzelheiten zum Dreh des neuesten Pepsi-Werbespots ans Licht der Öffentlichkeit. David und eine Reihe United-Stars nahmen Hauptrollen ein und flogen für den Spot ins spanische Almeria.

“ Einige davon waren unglaublich gute Schauspieler, aber Beckham war einfach großartig. ”

Regisseur Tarsem Singh

“ Als Kind habe ich Cowboy und Indianer gespielt. Ich war aber immer der Cowboy. ”

David

“ Ich gehe in eine Bar und Casillas, der Torwart von Real, trinkt von meiner Pepsi. Also gehen wir zum Elfmeterschießen vor die Tür, und es entwickelt sich von da aus weiter. ”

David verrät die Handlung.

Ebenfalls im Januar 2003 wurde David in Öl verewigt, als ein umstrittenes Gemälde in einer Galerie in Fulham im Westen Londons enthüllt wurde, das ihn als Christus-ähnliche Figur zeigt. Das Werk trägt den Namen »Goldenballs«, angelehnt an Victorias Spitznamen für ihn.

“ Ich sehe David Beckham als eine moderne religiöse Ikone – eine Person, die wie ein Gott erscheint. ”

Künstlerin Sharon Lutchman

Im Juni 2003 drehten sich die Köpfe nach David und Victoria um, als sie bei den MTV Movie Awards in Hollywood allen die Show stahlen.

“ Er ist der beste Fußballer der Welt, und sie ist wunderschön. ”

Samuel L. Jackson

“ Sie sind ein nettes Paar, und er ist sehr talentiert. ”

Harrison Ford

“ Er ist erstaunlich talentiert. Sie ist sehr schön. ”

George Lucas

“ Dieser Mann ist mein Held. Er sieht absolut umwerfend aus. Jeder ist hin und weg von Becks und Posh. ”

Beyonce

“ Das war der fabelhafteste Auftritt, den ich je gesehen habe. Sie sind *sowas* von Hollywood, so glamourös und völlig übertrieben. Sie sind die neuen Ben Affleck und J-Lo. Sie waren einfach umwerfend – absolut geschmacklos, aber glamourös ohne Ende und total bling-bling. ”

Steven Cojocaru
vom People-*Magazin*

Das steht dir gut ...

David über Mode ...
Victoria darüber, dass sie David nicht einkleidet

„Es wurde viel Schwachsinn darüber verbreitet, dass Victoria Manchester nicht mag – die Geschäfte oder was auch immer. Das ist ein Haufen Unsinn. Sie mag die Stadt. Victoria ist glücklich, wo ich glücklich bin, so einfach ist das."

David

„Ich liebe Manchester. Es gab Gerüchte, dass ich das nicht tue, aber ich tue es. Und David ist dort sehr glücklich. Außerdem sähe er in einem blauen Trikot nicht sehr gut aus, oder?"

„Wenn Victoria ein bestimmtes Paar Schuhe oder ein bestimmtes Kleid trägt, wird garantiert ein kleines Mädchen zu seiner Mutter sagen: ›So ein Kleid will ich auch!‹ Aber wie Victoria sagt, wir haben es nie drauf angelegt, vergöttert zu werden."

David und andere reden über seinen Beitrag zur Mode in England ...

„Wer hätte je gedacht, dass Eminem mehr Einfluss auf die Modeindustrie hätte als Ralph Lauren oder dass David Beckham einflussreicher wäre als Giorgio Armani?"

Stilguru Adrian Clark,
Moderedakteur bei Loaded

„David Beckham ist einer der weniger Männer, den andere Männer als schlicht und einfach gutaussehend beschreiben."

Richard E. Grant

“David ist jetzt so berühmt – aber nicht nur wegen des Fußballs. Wenn man ihn nicht vom Fußball herkennt, kennt man ihn auf jeden Fall daher, dass seine Frau ihn seltsam einkleidet.”

Ulrika Johnson

Manchmal frage ich mich schon, wie ich aussehe. Sehe ich ok aus? Habe ich ein Doppelkinn? ”

David

“ David kennt sich mit Klamotten sehr gut aus, und wir geben einander Tipps. Wenn ich beim Shoppen etwas sehe, das ihm gut stehen würde, dann kaufe ich es ihm. Er tut das Gleiche für mich. Er ist sehr gut darin, Sachen auszusuchen. Es ist schade, dass er so beschäftigt ist, denn er wäre ein toller Stilist. ”

“ Wir haben zusammenpassende Hunde, Uhren, Jaguare und Klamotten. Ich mag das. Ja, ich weiß, dass es kitschig ist, aber ich finde es lustig. ”

“ Wenn ich David zu etwas überreden will, muss ich ihn nur im Glauben lassen, dass es seine Idee ist. ”

“ Victoria hat ihn offensichtlich dazu überredet, diesen Sarong zu tragen. ”

Kenny Ho, Victorias Stilist

“ Viele Leute fragen mich das, aber die Lorbeeren kann ich leider nicht ernten ... ”

Victoria zum Thema »Sarong«

“ Ein Typ muss nicht schwul sein, bloß weil er einen Rock trägt. Männer können in Röcken sehr maskulin aussehen – sexy und knackig. ”

Rap-Superstar P. Diddy

“ Ich musste in meinem Leben schon einiges durchmachen ... zum Beispiel wegen dieses Sarongs. Das geht ehrlich gesagt über meinen Verstand hinaus. ”

David

“ Ich sage ihm immer, dass er hübsch aussieht. ”

Victoria

Das steht dir gut ... ”

Helena Christensen trägt auf der »Brown Thomas International Fashion Show« in Dublin den von Philip Treacy entworfenen David-Beckham-Hut.

“ Drei Löwen und ein Rock ”

The Sun

“ Es ist mir eigentlich egal, ob er einen Sarong oder einen Irokesen trägt, oder ob er von mir aus in seiner Unterhose herumläuft. ”

Gary Lineker

“ David erfindet seine eigenen Frisuren. Ehrlich, ich habe nichts damit zu tun. ”

Victoria

“ Meine Frisur hat nicht £300 gekostet. Ein Kumpel hat das für mich gemacht ... Ich hatte einfach Lust auf eine Abwechslung. ”

David

“ Wissen Sie was? David kann alles tragen und alles mit seinen Haaren machen, und er sieht immer noch umwerfend aus. Er ist von Natur aus gutaussehend und talentiert ... es ist widerlich! ”

Victoria

“ David trägt meine Slips. Er freundet sich gerade mit seiner femininen Seite an. ”

Victoria 1998

“ Natürlich trägt er nicht meine Slips. Das war ein Witz, um Gottes willen. Er könnte doch noch nicht mal ein Bein in meinen Slip quetschen! ”

Victoria 2001

“ Wir werden sehr anders dargestellt, als wir wirklich sind. Ab und zu sagt Victoria auch Dinge, die es für mich ein bisschen schlimmer machen ... wie der Vorfall mit dem Slip. Nein, ich trage nicht ihre Slips. Sie ist etwas kleiner als ich. ”

ENGLAND

“ Ich nenne David ›Golden Balls‹. Ups, das war wieder eins dieser Dinge, die ich nicht hätte sagen sollen, oder? ”

“ Ich sage immer: ›Um Himmels willen, Victoria!‹ Sie hört einfach nicht zu ... ”

“ Du sahst auf dem Spielfeld wirklich gut aus. Du musst aber mal wieder zum Friseur – man sieht deinen Ansatz. ”

Victoria gibt David kritische Ratschläge während der WM '98

“ Ich habe eine große Klappe, oder? Ich rede wohl einfach gern! ”

Victoria

“ David fehlt eine Augenbraue im Gesicht, oder? ”

Ulrika Johnson

“ Das mit dem Rasieren meiner Augenbraue war nur eine Phase. Normalerweise macht man die mit 16 oder 17 durch. Ich habe diese Phasen noch mit 26! Ich habe es aber nicht wegen der Medien gemacht. ”

“ [Das Augenbrauenrasieren] hat ihn aerodynamischer gemacht! ”

Victoria

“ Der Erfolg, den wir bisher mit David Beckham DB07 und der Schulkleidung erzielt haben, liefert uns einen Hinweis darauf, was wir tun müssen, um eine nachhaltige Gesundung unseres Unternehmens sicherzustellen. ”

Roger Holmes, Geschäftsführer von Marks & Spencer, über die Bedeutung von Davids Kleidermarke

“Anscheinend gibt es einen kleinen Streitpunkt, weil Victoria auf den Titelseiten erscheinen will und David wahrscheinlich nicht. Aber sie haben gelernt, damit zu leben.”

Gary Lineker

“Manchmal treten sie sich gegenseitig in den Arsch, klar. Victoria ist ein sehr willensstarker Mensch, und ich möchte mich nicht mit ihr streiten. Es ist toll von David, dass er das alles hinnimmt ... Ja, auf jeden Fall.”

Dane Bowers

“*Es muss manchmal schwierig sein, so eine berühmte Frau zu haben.*”

Michael Owen

Nur wir zwei

David und Victoria über die Liebe und das Zusammenleben

“ Ich will, dass die Leute zurückblicken und nicht nur an dieTitelseiten der Zeitungen denken, sondern sagen: ›Er war ein Spieler.‹ ”

David

“ Wenn meine Karriere vorbei ist, würde ich gerne eine Sportschule für begabte Kinder – Jungen und Mädchen – eröffnen. Ich weiß, dass das kein normales Ziel für einen Fußballspieler ist, aber so was wollte ich schon immer mal machen. Viele Leute haben mir dabei gehol-

fen, nach oben zu kommen, und ich möchte etwas Handfestes zurückgeben. ”

David

“ David ist ein sehr privater Mensch, ein sehr intelligenter Mensch. Und er bringt mich zum Lachen. Die Leute sagen so furchtbare Dinge über ihn ... dass er hohl ist ... dass er nichts in der Birne hat ... das er unter meinem Pantoffel steht. Aber er ist so eine starke Persönlichkeit. Ich würde sagen, dass er zu Hause der Dominante ist. ”

Victoria

“ Mein ganzen Leben hat mit der Geburt unseres ersten Sohnes, Brooklyn, einen neuen Sinn bekommen. Es war ein fantastisches Erlebnis und zeigte mir, was wahres Glück ist. Es gibt sehr viel, wofür ich dankbar sein kann, sowohl beruflich als auch privat. Ich bin mit der Frau zusammen, die ich liebe, und wir haben ein wunderschönes Kind. Ich spiele bei dem besten Fußballclub der Welt und bin mit einem Talent gesegnet, das es mir erlaubt für mein Land zu spielen. ”

“ Es gibt in meinem Leben so viel Gutes, dass die dunklen Momente nie lange andauern. Die ganze Kritik macht mir nichts aus, solange ich zu Victoria heimkommen kann. ”

“ Viele Leute sähen es zweifellos gern, wenn David und ich uns trennen würden. Zwischen uns herrscht aber Vertrauen, und solange das bestehen bleibt, wird unsere Beziehung sich niemals verändern. ”

“ Das Schwerste in meinem Leben ist es, von David getrennt zu sein. Mit allem anderen komme ich zurecht. ”

“ Seitdem ich Victoria kenne, liebe ich sie immer mehr ... Sie ist die einzige Frau, die ich je geliebt habe. ”

“Victoria ist meine erste große Liebe. Ich glaube, man weiß es sofort, wenn man die Person trifft, mit der man den Rest seines Lebens verbringen will. Egal, was um einen herum passiert, widmet man sein Leben dieser einen Person – so eine Beziehung würde man nie beschädigen oder zerstören. ”

David

ENGLAND
7

Wo ist dein Metatarsal?

Am 10. April 2002 brach David Beckham den zweiten Mittelfußknochen seines linken Fußes im Champions-League-Spiel Manchester United gegen Deportivo La Coruna, das ManU 3:2 gewann. Die Verletzung ließ Zweifel darüber aufkommen, ob Beckham England in die WM führen könne ...

„Als ich aufstand, wusste ich, dass ich mir etwas gebrochen hatte. Als Erstes fragte ich den Arzt, ob ich raus aus der WM war. Ich war am Boden zerstört."

„David rief mich aus dem Krankenhaus an um mir den Stand der Dinge mitzuteilen. Ehrlich gesagt war er am Boden zerstört. Er ist sehr, sehr aufgebracht, trägt einen Gips und hat große Schmerzen. Er sagt, dass er sich wegen der bevorstehenden Spiele am meisten Sorgen macht. Er tut mir leid. Es ist schrecklich, dass das passieren musste, aber toi toi toi, das wird schon wieder ..."

Ted Beckham, Davids Vater

„Das ist ein großer Schlag für David persönlich, für Manchester United und für England, aber was will man machen. Ich bin mir aber sicher, dass das Ärzteteam bei Manchester United alles in seiner Macht Stehende tut, damit David sich schnell und vollständig erholt."

Sven-Goran Eriksson

„Die Trainer können bis zu 24 Stunden vor Turnierbeginn einen Ersatz für einen verletzten Spieler bestimmen. Daher hat Sven-Goran Eriksson bis zum 30. Mai Zeit zu entscheiden, ob er David Beckham in die endgültige Auswahl von 23 Mann aufnimmt."

Ein Vertreter der FIFA

“Der Premierminister hat zu bedenken gegeben, dass bezüglich Englands WM-Vorbereitungen nichts wichtiger ist als der Zustand von Davids linkem Fuß.”

Sprecher für Tony Blair

“Die Prognose hat sich geringfügig verbessert. Natürlich sind bei einer solchen Verletzung die ersten 48 Stunden entscheidend, aber es klingt schon etwas besser. Hoffentlich geht es Davids Fuß bald wieder gut.”

FA-Geschäftsführer Adam Crozier

“David ist jung. Er wird bei anderen Spielen dabei sein.”

Sir Alex Ferguson

“Wir dürfen nicht vergessen, dass David unglaublich fit ist. Und er hat gutes Heilfleisch.”

Eric Harrison, Trainer von Manchester United

“Das Sauerstoffzelt mochte ich nicht. Ich habe es mal ausprobiert, aber ich konnte nicht schlafen. Man sagt, dass man acht Stunden da drin verbringen soll, und ich hab's keine acht Minuten ausgehalten! Ich hasse dieses Teil. Bei manchen Leuten funktioniert es vielleicht, aber bei mir nicht.”

David lästert über das Sauerstoffzelt

“Ich bin kein Wunderheiler, aber wenn Millionen von Menschen sich gedanklich auf Davids Fuß konzentrieren, können wir eine mächtige Heilkraft entfesseln. Ich will, dass die Menschen den Fernsehbildschirm berühren. Wenn auch nur für ein paar Sekunden – nehmt es ernst und schickt David eure heilenden Kräfte.”

Uri Geller beamt per GMTV heilende Strahlen in Davids Fuß

“Ich habe aus der ganzen Welt Behandlungen angeboten bekommen. Ich habe auch viele aufmunternde Briefe erhalten und muss meinen Fans echt danken. Die Menschen bei Manchester United waren super zu mir, in jeder Minute, und haben Laserbehandlungen und so veranlasst.”

David dankt seinem menschlichen Netzwerk für die Unterstützung

„Ich habe mittlerweile akzeptiert, dass es Schlagzeilen gibt, wenn ich eine neue Frisur habe, aber es ist schon ungewöhnlich, ein Bild meines Fußes auf der Titelseite einer landesweiten Zeitung zu sehen."

„Neben Ronaldo und Zidane ist David Beckham einer der größten Superstars der Welt. Es wird der Weltmeisterschaft schaden, wenn er nicht nach Japan und Südkorea mitkommt."

Yoshihko Konno,
Sportredakteur bei der Daily Sport

„Es ist schwierig, wenn David spielen will und nicht kann. Es ist einfach sehr frustrierend für ihn, wie er so durchs Haus humpelt. Für mich ist es aber auch nicht einfach. Brooklyn nimmt sehr viel Aufmerksamkeit in Anspruch, und wegen meiner fortgeschrittenen Schwangerschaft kann ich ihn nicht so leicht hochheben. Brooklyn ist echt schwer. Aber wir kommen zurecht. Es ist schön, dass David zu Hause ist."

Victoria

„Victoria ist unglaublich – im siebten Monat schwanger, und sie bringt mir noch Tee. Seit drei Wochen habe ich die Krücken und sie trägt alles, inklusive Brooklyn. Es war für sie ein schweres Stück Arbeit, aber sie hat es toll gemacht."

„Mein Fuß tut noch ein bisschen weh, aber allmählich werde ich fitter. Es sollte eigentlich kein Problem sein. Immerhin ist der WM-Beginn noch drei Wochen hin ..."

„Macht euch keine Sorgen, David wird fit sein. Er hat seine Übungen gemacht. Ich denke, dass er genug Zeit hat – kein Grund zur Eile. Er ist ein natürlicher Sportler und das schafft er mit links. David besitzt die Fähigkeit, immer wieder von alleine aufzustehen. Immerhin ist er ein Spieler, der die große Bühne liebt – er blüht dann richtig auf."

Sir Alex Ferguson

„David steht bereit. England steht bereit. Dann schauen wir mal..."

Sven-Goran Eriksson

Big In Japan

Die WM 2002

„Gewinn die WM und du kriegst den Job."

Schlagzeile des Daily Mirror, *die David den Job des Premierministers anbietet*

„Ich will der neue Bobby Moore sein. Ich weiß, dass ich in den Fußstapfen englischer Kapitäne wie er trete. Bobby Moore betrat einen Raum und die Leute erhoben sich und applaudierten. Er war ein Gentleman und ein großer Kapitän. Das hat sich in meinem Kopf festgesetzt."

„David wird in unserer ersten WM-Partie gegen Schweden teilnehmen. Wir haben ihn eingeschätzt – Freistöße, Elfmeter und viel Laufen. Bis vorige Woche wussten wir nicht, wer auf dem rechten Flügel spielt. Wir hatten Auswahlmöglichkeiten, aber keinen zweiten Beckham. Aber jetzt bin ich zuversichtlich, dass er Angriffen widerstehen wird. Ich bin da sehr optimistisch."

Sven-Goran Eriksson

„Ich will bei dieser Weltmeisterschaft einen Eindruck hinterlassen. Ich habe in den letzten sieben Wochen härter denn je daran gearbeitet, fit zu werden. Die Spieler sind bereit, und ich bin zuversichtlich, dass wir gut abschneiden werden."

„Ich habe das Gefühl, dass meine Zeit gekommen ist."

Davids erste Worte, nachdem er seine neuen Fußballschuhe anprobiert hat, Modell Ninja von Adidas

»Es ist überwältigend, wenn 20 Leute hinter unserem Trainer herlaufen und im Chor ›David‹ oder ›Michael‹ rufen. Aber wir müssen uns auf die Spieler, die Belegschaft und das Spiel gegen Schweden konzentrieren. Wir glauben ernsthaft, dass wir sie schlagen und von dort aus weitermachen können.«

David

»Meinem linken Fuß geht es viel besser, danke. Wenn man sich einen Knochen bricht, weiß man nie, was passieren wird, aber ich hatte immer vor, fürs Spiel gegen Schweden fit zu sein. Ich bin überzeugt, dass ich die vollen 90 Minuten durchhalten kann. Es wäre dem Team gegenüber nicht fair, wenn ich mir nicht sicher wäre.«

»Es ist sinnlos, mit dem Gedanken in die WM zu gehen, dass man unentschieden spielen oder verlieren wird. Wir wollen so weit gehen, wie wir können. Wir sind nicht zum Spaß oder aus Witz hier. Das ist die ›Todesgruppe‹, und wir sind dabei.«

2. Juni 2002
England – Schweden 1:1

»Die ewige Leier für Svens Jungs.«
Schlagzeile im Daily Express

»Wenn wir noch mal so spielen, bekommen wir auf jeden Fall Schwierigkeiten. Wir können es uns nicht leisten, die Füße hochzulegen. Für mich, nach zwei Monaten Ausfall und bei der Luftfeuchtigkeit, ich war etwas müde. Ehrlich gesagt wurden meine Beine in der zweiten Halbzeit zu Pudding. Das ist mir noch nie passiert.«

»Wir sind enttäuscht, dass wir Schweden nicht schlagen konnten, aber ich freue mich auf die Begegnung mit Argentinien. Ich bin sehr stolz darauf, mein Land gegen sie anzuführen. Für uns gibt es nicht viel Größeres als Argentinien – bis auf das WM-Finale selbst.«

»Englands Ergebnisse gegen Argentinien waren in der Vergangenheit nicht gut, aber das ist Vergangenheit.«

»Ich kenne mich ein bisschen mit der Geschichte zwischen England und Argentinien aus. Aber wenn man sportlich und mit einem großen Siegeswillen ins Spiel geht, ist das positiv. Wenn man auf Rache aus ist und nur Hass empfindet, kann es sehr gefährlich werden ... In diesem Spiel wird sich zeigen, was die jungen Spieler drauf haben. Hoffentlich hält David die vollen 90 Minuten durch. Natürlich ist er unser Kapitän, und wir erwarten bei so einem großen Spiel einiges von ihm. Aber wir müssen einfach abwarten und sehen, was passiert ... ”

Sven-Goran Eriksson

7. Juni 2002

England – Argentinien 1:0

“ Schöner wird's nicht. Das war eindeutig das befriedigendsteTor, das ich je in meinem ganzen Leben geschossen habe. ”

David über seinen Sieg bringenden Elfmeter

“ Ich wollte einfach die Geister besänftigen, die meine WM vor vier Jahren auf den Kopf stellten. Beim Elfmeterschießen werde ich normalerweise nicht nervös, aber diesmal schon. Ich lief einfach auf den Ball zu und trat ihn so fest, wie ich konnte. Er ging sauber rein, und ich war überglücklich. ”

“ Sir Alex rief mich am Vorabend des Spiels an und sagte: ›Viel Glück, genieß es und teile deine Kräfte gut ein.‹ Und das tat ich. ”

“ Die Mannschaft zeigte soviel Tapferkeit, soviel Mut. Ich traf vielleicht beim Elfmeter, aber von David Seaman im Tor bis hin zu den beiden Vorderen war die ganze Team glänzend. ”

“ Nigeria sieht stark aus, und die Spieler könnten uns arg zusetzen. Natürlich haben wir nach dem Sieg gegen Argentinien immer noch Hochgefühle, aber wir müssen die richtige Einstellung haben. Jetzt einen Fehler zu machen wäre lächerlich. ”

Nach einem torlosen Unentschieden gegen Nigeria trat England Dänemark in der zweiten Runde entgegen.

15. Juni 2002

England – Dänemark 3:0

“ Goldane Balls! ”

Titelschlagzeile der Sunday People

“ England hat gut gespielt, aber auf David bin ich besonders stolz. Wir haben vor dem Spiel telefoniert und er sagte, dass er sich fit und bereit fühle. Er hat heute kein Tor geschossen, aber er war trotzdem ein guter Kapitän. Es ist einfach schade, dass ich [wegen der Schwangerschaft] nicht dabei sein kann. ”

Victoria

“ Es ist schade, dass Victoria nicht mitkommen konnte. Aber sie ist im achten Monat schwanger und es hätte für sie gefährlich werden können. Jedenfalls hat sie nichts dagegen, wenn ich die Torschützen küsse. Solange es sich um Männer handelt, macht es ihr nichts aus. ”

“ Ich bin so stolz auf das Team. Sie haben keine Angst davor, echten Fußball zu spielen. Es sind alles Helden. ”

“ Uns ist es egal, gegen wen wir spielen müssen – her mit Brasilien. ”

21. Juni 2002
England – Brasilien 1:2

“ Wer ist für Tennis? ”

Titelschlagzeile des Daily Mirror

“ Du hast alles gegeben. Es ist nicht deine Schuld, dass er einen Glückstreffer gelandet hat, oder? Eh? Eh? ”

David tröstet Torwart David Seaman, nachdem Ronaldinhos verrücktes Tor England aus der WM beförderte

“ Ich wollte mich nur bei den restlichen Jungs und den Leuten zu Hause entschuldigen. Es war ein Glückstreffer. So läuft's manchmal eben. ”

Spielführer David bleibt tapfer

“ Wir hätten das Spiel gewinnen können. Wir waren nah dran, aber nicht nah genug. Ich hatte gehofft, dass wir alle etwas besser spielen würden. Es ist schade, aber ich bereue nichts ... Ich bin immer noch da und meine Mannschaft auch. Zur WM 2006 kommen wir wieder – weiser und stärker. Ich bin stolz darauf, Trainer der englischen Nationalmannschaft zu sein. ”

Sven-Goran Eriksson

“ Mit einer Mannschaft ins Viertelfinale zu kommen, deren Spieler größtenteils ihre erste WM erleben, ist schon eine Leistung. Wir sollten stolz darauf sein, dass wir so weit gekommen sind. Ich hatte so ein komisches

Gefühl, dass wir es bis ins Finale schaffen würden, aber es sollte wohl nicht sein. Aber wir danken unseren Fans dafür, dass sie uns die Treue gehalten haben, und auch Japan und Südkorea – ihre Unterstützung war überwältigend. Ich würde lieber zwar hier bleiben als nach Hause fahren, aber es war für uns alle ein fantastisches Erlebnis. Ich glaube, die englische Mannschaft wird dafür umso stärker zurückkommen. Und denkt immer dran, es gibt immer ein nächstes Mal ... ”

“ Jeder von ihnen ist ein Held. ”

Victoria

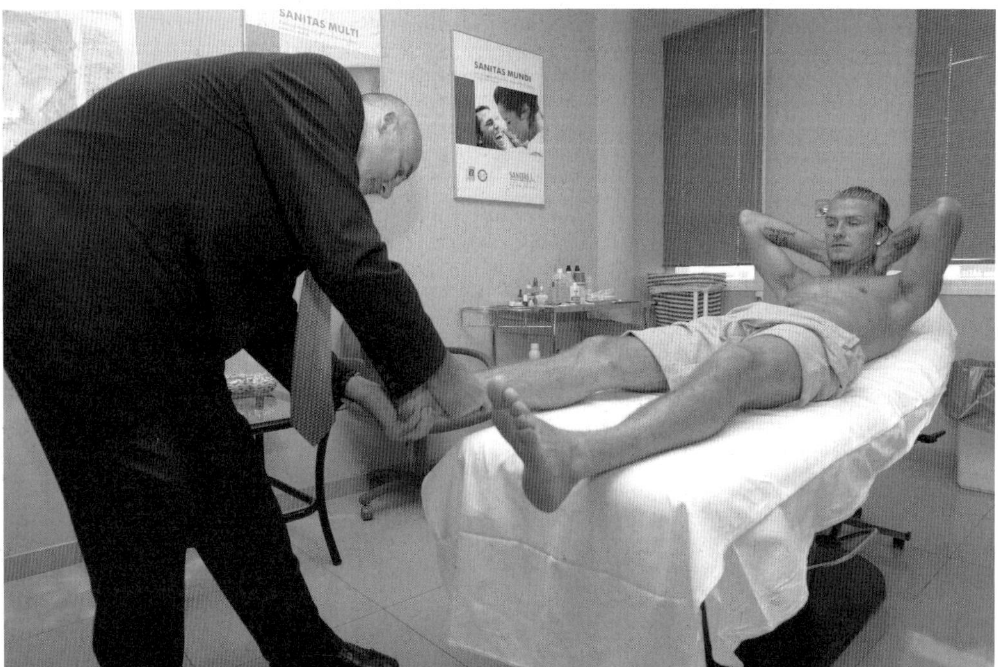

JUST BEAUTY
エステティック

Zweiter Akt: Vorhang auf für Romeo

Im Sommer 2002 stieg die Spannung, während David und Victoria sich darauf vorbereiteten, zum zweiten Mal Eltern zu werden.

„Victoria und ich wollten unbedingt noch ein Kind. Es hing nur davon ab, einen geeigneten Zeitpunkt zu wählen, weil wir ja immer so beschäftigt sind.“

„Jeder, der jemals Kinder hatte, weiß, dass du in dem Moment, wo du eins bekommst – ob Sohn oder Tochter – das beste Gefühl der Welt hast.“

„Brooklyn ist ein sehr liebevoller kleiner Junge, also wird er mit dem Baby glänzend umgehen. Er rennt rum, kickt Fußbälle, singt, tanzt. Er ist jetzt ein großer Junge.“

„Ich kann es kaum abwarten, bis das Baby geboren wird.“

Sandra Beckham, Davids Mutter

„Ich liebe es, schwanger zu sein. Ich mag auch Geburten. Eigentlich liebe ich es.“ *Victoria*

„Victoria, du hattest einen Kaiserschnitt. Du hast überhaupt nichts gespürt!“

David

„Brooklyn war der Erste, zu dem ich etwas sagte, sobald der Arzt mir meine erneute Schwangerschaft bestätigt hat. Anschließend schickte ich ihn zu David, um ihm das Geheimnis zu verraten. David war praktisch in Tränen aufgelöst, so glücklich war er.“

Victoria

„Alles in allem war es ein sehr aufregendes Jahr für uns. England nahm an der WM teil, Victoria hatte ihren zweiten Hit in den Top Ten, und jetzt erwarten wir ein zweites Baby. Es ist fantastisch.“

David

Die Geburt

Am Sonntag, den 1. September 2002, brachte Victoria im Portland Hospital einen Jungen zur Welt, Romeo.

„Romeo ist wunderschön und Victoria geht es blendend. Sie sitzt aufrecht im Bett, und die Familie ist hier. Der Name? Romeo ist einfach ein Name, den wir sehr schön finden. Wir freuen uns beide sehr."

„Ja, es ist schon ein ungewöhnlicher Name. In der Hinsicht ist er so ähnlich wie Brooklyn. Aber das ist Davids und Victorias Entscheidung, also wollten sie es anscheinend so haben. Ich weiß nur, dass Romeo entzückend sein wird, wenn er nur halb so wundervoll ist wie Brooklyn. Ich bin hin und weg."

Ted Beckham, Davids Vater

„Romeo sieht genauso aus wie Brooklyn. Er hat seine Nase und Victorias Kinn. Ich war dabei, als Romeo rauskam. Es war überwältigend. Victoria und ich arbeiten in den nächsten Monaten vielleicht an einer Fußballmannschaft! Fünf auf jeder Seite."

„Brooklyn kam herein, als Romeo gerade herauskam. Er ist starr vor Ehrfurcht."

„Man ist immer nervös wegen dem Kinderkriegen, aber es ist immer noch die schönste Sache der Welt. Victoria ist entzückt."

„Es gab eine ganze Reihe von Leuten, die sich nach dem Einsatz erkundigt haben, aber die Geburt stand zu kurz bevor und wir hatten zum Glück genug Verstand, um sie alle abzuweisen. Jetzt fangen wir an, Wetten anzunehmen, ob Romeo für England spielen wird. 250 zu 1."

Graham Sharpe von den Buchmachern William Hill beschreibt, wie Spekulanten versucht hatten, auf den Namen Romeo zu wetten.

“Ich glaube nicht, dass Romeo nach mir benannt wurde, aber wenn ja, dann bin ich überwältigt. Ich möchte den Beckhams gratulieren. Das war definitiv eine gute Namenswahl. Ich gehe davon aus, dass der kleine Romeo bei den Frauen gut ankommen wird, bei so einem Namen ... Respekt für die Beckhams.”

MC Romeo, So Solid Crew

Von Manchester nach Madrid

Am 15. Februar 2003 tauchte David aus dem »Old Trafford« mit einer genähten Schnittwunde über der Augenbraue auf. Erstaunlicherweise war ihm der Schnitt unabsichtlich von einem fliegenden Schuh zugefügt worden. Sir Alex Ferguson hatte diesen in einem Wutanfall wegen ManUs Niederlage gegen Arsenal im FA-Pokal durch den Raum getreten.

“ Wenn er sich nicht entschuldigt, ist der Ausgang dieser Geschichte unabsehbar. ”

Ein enger Freund informiert die Presse

“ Was in der Umkleidekabine passiert, bleibt privat. ”

Ein Sprecher von United verrät einiges über die Kunst, nichts zu verraten

“ David wollte erst nicht genäht werden, aber nach zwei Stunden tropfte das Blut immer noch aus der Wunde, und der Vereinsarzt kam zu David nach Hause und bereitete zwei Wundverschlussstreifen vor, um die Blutung zu stoppen. ”

Statement von Davids Managementfirma

“ Ich möchte allen Fans versichern, dass wir uns in völliger Harmonie und Konzentration auf das Juventus-Spiel vorbereiten. Der Vorfall in der Umkleide war ein-

“Die öffentliche Aufmerksamkeit, die es hervorrief? Meine einzige Meinung dazu ist, dass es ein verrückter Vorfall war. Wenn ich das noch mal versuchen würde, hundert Mal oder eine Million Mal, würde ich nicht treffen. Wenn ja, hätte ich ja weitergespielt ... Es war eine Schürfwunde, um die sich der Arzt gekümmert hat. Es gibt kein Problem und Schwamm drüber.”

Alex Ferguson bricht sein Schweigen

fach eins dieser Dinge, die immer mal passieren können. Das ist jetzt Vergangenheit. ”

David betont, dass das Thema ein alter Schuh ist

“ David hat sich über die Fotos aufgeregt, das wollte er nicht. Er rief mich nachher an, und er war nicht glücklich, aber er hat sich nicht absichtlich fotografieren lassen. Er war shoppen. Er hatte eine Schnittwunde über der Augenbraue. Was hätte er denn tragen sollen, um sie zu verstecken – eine Sonnenbrille, einen riesigen Hut, eine Skimütze? Absurd. Wenn jeden Tag etwas über ihn in der Zeitung steht, kann ich es verstehen, wenn der Trainer sich einmischt und es zwischen ihnen zu einer öffentlichen Auseinandersetzung kommt. Auf jeden Fall. ”

Ted Beckham, Davids Vater

“ Ich habe hier unterm Tisch einen Stapel Fußballschuhe liegen. ”

Tony Blairs scherzhafte Drohung an Journalisten vor einer Pressekonferenz

Innerhalb einiger Wochen kochte die Gerüchteküche mit Vermutungen über einen Transfer förmlich über.

“ Wenn wir einen Spieler kaufen wollen, sprechen wir erst mit dem Verein und fragen, ob der Spieler zur Verfügung steht. Manchester United würde es als Erster erfahren und sie wissen nichts davon, also ist auch nichts Wahres dran. ”

Arsene Wenger, Manager von Arsenal, schließt die Gunners aus; 19. Februar

“ Ich lebe seit zwölf Jahren in Manchester, aber ich werde immer ein Londoner bleiben, daran wird niemand je etwas ändern. Es ist schon möglich, dass ich eines Tages für einen Londoner Club spiele. Man sagt im Fußball niemals nie, weil die Dinge sich sehr schnell ändern können, also möchte ich nichts ausschließen. ”

David lässt sie alle weiterraten

“Die Annahme, dass er eines Tages für Real Madrid spielen wird, ist sehr abwegig.”

Jorge Valdano, Sportdirektor von Real Madrid, über einen möglichen Wechsel von Beckham; 27. März

“So wie Real Madrid während der letzten paar Saisons die größten Marktcoups abgezogen haben, was Transfers betrifft, sieht es so aus, als wäre Beckham unser nächstes großes Projekt.”

Valdano ändert plötzlich seine Meinung; 31. März

“Ich habe in letzter Zeit viel davon gehört, aber ich will keine Hoffnungen schüren, dass Beckham hier unterschreibt, und dann wird doch nichts draus. Er ist ein hervorragender Spieler, aber wir nehmen nicht jeden unter Vertrag.”

Florentino Perez, Präsident von Real Madrid; 18. März

“Ich habe schon immer gesagt, dass Real Madrid einige großartige Spieler und großartige Traditionen hat. Jeder Spieler wäre geehrt, wenn er bei Real Madrid im Gespräch wäre. Also bin ich natürlich geehrt.”

David; 26. März

“Es werden immer gewisse Gerüchte im Umlauf sein, daran bin ich mittlerweile gewöhnt. Ich spiele einfach weiter Fußball und kümmere mich nicht darum, was sonst so passiert und was über mich gesagt wird.”

David; 26. März

“Madrid hat einige hervorragende Spieler, und wenn der Trainer einen Spieler wie Beckham ins Team bringen will und das Team siegreich ist, dann ist das großartig.”

Alfredo di Stefano, Real-Madrid-Legende aus den Fünfzigern

“Ich weiß nicht, ob Inter [Milan] wirklich an Beckham interessiert ist. Was uns angeht, hat Inter bei Beckham grünes Licht, weil wir nicht mitbieten werden.”

Noch mal Valdano; 4. April

“Wenn der Präsident es wichtig findet, geht das mit mir in Ordnung; aber ich glaube nicht, dass das Team es nötig hat ... Wenn er kommen sollte, mache ich mir keine Sorgen.”

Luis Figo, Reals Meister des Mittelfelds

“Das steht absolut nicht zur Debatte. Nie im Leben verkaufen wir ihn oder irgendeinen unserer besten Spieler.”

Sir Alex Ferguson

8. April. David wird aus Uniteds größtem Spiel der Saison ausgeschlossen, dem Champions-League-Viertelfinale gegen Real Madrid.
Er wird später eingewechselt und erzielt ein Tor, aber United fliegt trotzdem raus.

„Das könnte es gewesen sein. Er ist sehr unglücklich darüber, dass er ausgeschlossen wurde."

Ein enger Freund plaudert aus dem Nähkästchen.

„Als ich ihn fragte, ob er umzieht, fing er an, mir Fragen über die Qualität der Grundschulen in Madrid zu stellen."

Reals Torhüter Ricardo verrät, worüber er nach dem Spiel mit David gesprochen hat

„Ich glaube nicht, dass er irgendwo anders hin will. Er liebt United, da hängt sein Herz dran. Nach dem Spiel am Mittwoch war er enttäuscht – oder besser gesagt am Boden zerstört –, dass er nicht fürs Spiel ausgewählt wurde. Ich glaube, dass er hätte spielen sollen, aber natürlich sage ich das. Ich bin ja sein Vater."

Ted Beckham

„Ich werde immer gefragt, ob David Beckham ein guter Spieler ist. Natürlich ist er ein guter Spieler, und natürlich würde ihn der Verein haben wollen. Ich werde aber auch gefragt, auf welche Schule er seine Kinder schicken würde und wo er wohnen würde. Ich habe keinen Schimmer, keiner hat mir was gesagt. Unsere Saison ist erst am 22. Juni vorbei. Wenn überhaupt etwas passiert, dann wahrscheinlich eh erst danach."

Steve McManaman, Flügelstürmer bei Real Madrid und früher bei Liverpool

„Ich habe ihn nach dem Spiel am Mittwochabend herzlich begrüßt. Ich weiß nicht, ob er nach Madrid kommt oder nicht, aber ich bin mir sicher, dass es nicht schwer sein wird, eine Position für ihn zu finden."

Madrids brasilianischer Star Ronaldo

David trainiert mit Steve McManaman

“Wenn Madrid auf einen zukommt, machen sie es einem fast unmöglich, sie abzuweisen. David Beckham wird die Erfahrung schon noch machen.”

Zinedine Zidane,
Madrids französischer Spitzenspieler

“Wie ich schon immer sagte, sag niemals nie. Man will immer in der besten Mannschaft mit den besten Fußballern spielen. In den letzten acht, neun Jahren haben wir in England und Europa fast alles gewonnen. Real Madrid hat eine lange ruhmreiche Geschichte und Weltklassespieler.”

David; 29. April

“Bezüglich der Spekulationen über das angebliche Interesse von Real Madrid, David Beckham unter Vertrag zu nehmen, möchte der Verein hiermit kundtun, dass:

- kein Kontakt hinsichtlich dieses Themas zwischen Real Madrid und Manchester United stattgefunden hat,
- es weder direkten noch indirekten Kontakt zwischen Real Madrid und Herrn Beckham gegeben hat,
- Madrid trotz der Spekulationen nicht vorhat, den Transfer von Herrn Beckham zu verhandeln
- entgegen der Vereinspolitik, niemals Gerüchten mit offiziellen Mitteln ein Ende zu setzen, diese Pressemitteilung mit dem Ziel herausgegeben wurde, die zunehmenden Spekulationen zu beenden, die Herrn Beckham mit Real Madrid in Verbindung bringen und jeder Grundlage entbehren, und
- trotz der neuerlichen Gerüchte die bedingungslos freundliche Beziehung zwischen beiden Vereinen sowie der Respekt Herrn Beckham gegenüber weiterhin bestehen bleibt.”

Offizielles Statement
von Real Madrid, 29. April

Zinedine Zidane

“Nie, nie, nie. Keiner von Real Madrid hat jemals von Beckham gesprochen, und ich will zu dieser Sache auch gar nichts mehr sagen.”

Florentino Perez, Präsident von Real Madrid, als er auf die mögliche Ankunft von Beckham angesprochen wird; 30. April

“Ich bin sehr erfreut darüber, dass Herr Perez dies so vehement bestätigt hat, aber hier bei Manchester United wäre es sowieso niemals in Frage gekommen, ihn zu verkaufen.”

Peter Kenyon, Geschäftsführer von ManU

“Es wurde in den Medien viel über mich und meine Zukunft geschrieben, aber ich kann ehrlich sagen, dass es keinen Kontakt gegeben hat zwischen mir oder meinem Berater und Real Madrid oder irgendeinem anderen Verein. Meine Gefühle für Manchester United, den Verein, die Spieler, die Fans und die Mitarbeiter sind so stark wie eh und je.”

David bricht sein Schweigen; 6. Mai

“Ich weiß, dass Peter Kenyon und der Trainer sagen, dass sie mich behalten wollen, und das genügt mir. Meine Zuneigung zum Verein ist genauso stark wie an dem Tag, an dem ich bei United unterschrieben habe.”

David; 6. Mai

“Da [die Geschichte] aus Spanien kommt, muss man sich meiner Meinung nach nicht blöd vorkommen, wenn man darüber berichtet.”

Kenyon ändert seine Meinung; 7. Mai

“David Beckham ist der Fußballspieler, den die meisten Menschen in den USA sofort erkennen würden. Das hat zwar mehr damit zu tun, dass er mit einem ehemaligen Spice Girl verheiratet ist als mit seinem spielerischen Können, aber das ist wohl unerheblich. Bei der hiesigen Fußballfangemeinde ist Beckham mit Ronaldo auf einem Stand, also ist es eine super Neuigkeit, dass er mitkommen wird. Obwohl wir natürlich nicht vergessen dürfen, dass wir hier für Manchester United Promotion machen.”

Charlie Stillitano, Geschäftsführer der amerikanischen Sportpromotionfirma Championsworld über die Reise von ManU in die USA im Sommer 2003

“Ich bin nicht kontaktiert worden, mein Agent ist nicht kontaktiert worden und Manchester United auch nicht. Ich will bei Manchester United bleiben.”

David; 7. Mai

❝ Man verbringt nicht zwölf Monate damit, einen neuen Vertrag auszuhandeln, um ihn dann zwölf Monate später aufzuheben. Wir haben Davids Vertrag verlängert, weil wir ihn für die nächsten drei Jahre als Teil unserer Mannschaft betrachten. ❞

Peter Kenyon; 11. Mai

❝ David ist ein wichtiger Teil unserer Mannschaft, aber die Dinge ändern sich ... auch, wenn David bis zum Ende seiner Karriere bei United ausharrt, wird die Zeit kommen, in der wir ihn ersetzen müssen. ❞

Peter Kenyon; 11. Mai

❝ Habt ihr nicht gesehen, wie er letztes Wochenende den Meisterschaftssieg gefeiert hat? Hat euch das nicht gezeigt, wie sehr er bleiben möchte? Es wird so viel über ihn geschrieben, und das meiste davon ist falsch. ❞

Davids Vater Ted Beckham; 18. Mai

❝ Was Hoffnungen angeht, die habe ich auch. Ich will, dass Sensi Beckham kauft. ❞

Fabio Cappello, Chef von AS Roma, gibt dem Präsidenten seines Clubs Franco Sensi einen guten Rat; 31. Mai

❝ Ich betrachte das [£30 Mio.] als einen guten Preis für Beckham. Er ist einer der wenigen Spieler auf der Welt, die in der Lage sind, diese Summe allein durch Werbeeinnahmen wieder reinzuholen. ❞

Joan Laporta, Präsidentschaftskandidat des FC Barcelona; 1. Juni

❝ Es wäre uns unmöglich, ihn für eine solche Summe zu holen. ❞

Adriano Galliani scheut die Summe von £35 Mio.; 1. Juni

❝ Er hat gesagt, dass er dort bleiben möchte. Wenn der Verein seine Meinung ändert – und dazu müssen alle Teile des Vereins ihre Meinung ändern –, dann ist im Fußball natürlich alles möglich. ❞

Davids Managementfirma SFX Sports

❝ Unsere Gespräche mit Manchester United sind im fortgeschrittenen Stadium und entwickeln sich sehr gut.

❝ Es hat Gespräche gegeben. ❞

Des Lynam von ITV behauptet, nach ManUs letztem Spiel der Saison am 11. Mai Davids Lippen gelesen zu haben.

❝ Beckham ist ein großer Mann, ein großer Spieler. Er kann bei Inter Milan oder Real Madrid spielen, aber an Manchester Uniteds Stelle würde ich ihn niemals gehen lassen. Er spielt Fußball wie kein anderer. ❞

Sven-Goran Eriksson, Trainer der englischen Nationalmannschaft; 24. Mai

“Manchester United kann bestätigen, dass italienische und spanische Vereine ein großes Interesse an David Beckham signalisiert haben. Davids Berater bei SFX sind unabhängig davon von diesen Vereinen angesprochen worden. Wir stehen in regelmäßigem und engem Kontakt zu ihnen, was den Status der laufenden Gespräche betrifft. David ist im Urlaub informiert worden.”

Statement von Manchester United; 7. Juni

Wir werden auch mit David und seinem Agenten sprechen. So wird es immer gemacht. Wir werden keinen Deal bestätigen, bevor das gemacht wurde. Er wird Anführer des Teams werden; der Cruyff von 1973 für den FC Barcelona.”

Joan Laporta

“Diese Gerüchte ziehen sich jetzt schon über zwei Monate hin. Vor einem Monat hieß es Real Madrid, und jetzt ist es Barcelona. Ich bin aber ein United-Spieler. Solange sie mich noch wollen, bleibe ich. Aber ich habe nie gesagt, dass ich nie aus Manchester wegziehen würde.”

David spricht; 10. Juni

“Ich würde lieber ganz aufhören als United zu verlassen. Das ist die einzige Mannschaft, für die ich je spielen wollte. Ich bin extrem enttäuscht darüber, was passiert ist.”

“United war schon immer meine erste Wahl, und ich habe so viele Jahre mit einigen der besten Spieler der Welt am ›Old Trafford‹ verbracht. Ich will nirgendwo hin, und dass der Verein Gespräche mit Barcelona bestätigt hat, macht mich sprachlos.”

“Wenn der Verein mich nicht will, dann muss ich das wohl akzeptieren, aber mein Herz hängt am ›Old Trafford‹ und ich kann nicht glauben, wie rasant sich die Dinge entwickelt haben, während ich weg war.”

“Manchester United bestätigt, dass das Angebot akzeptabel wäre, gesetzt den Fall, dass alle Bedingungen erfüllt werden.”

Statement des Vereins, dass United ein Gebot von Barcelona abwägt; 10. Juni

“David war sehr überrascht und enttäuscht von diesem Statement und hat nicht vor, Herrn Laporta oder seine Stellvertreter zu treffen.”

Davids Managementfirma SFX reagiert auf Uniteds Statement

“Ich habe nie gesagt, dass ich nie aus Manchester wegziehen würde, und ich habe auch nie gesagt, dass ich dort meine Karriere beende. In allen großen Teams wird es immer wieder Veränderungen geben, weil du die Mannschaft stärken willst, ob du nun drei Siegestrophäen oder eine gewinnst. ”

Endlich scheint David es sich zu überlegen; 10. Juni

“ Ich will nicht, dass er geht. Ich werde ihm sagen, dass er nicht nach Barcelona gehen soll. Ich werde ihm sagen, dass er bei Manchester United bleiben soll. ”

Ted Beckham

“ Was für eine Art, mit einem englischen Helden umzugehen! ”

Der Daily Mirror *kritisiert Uniteds Behandlung von David*

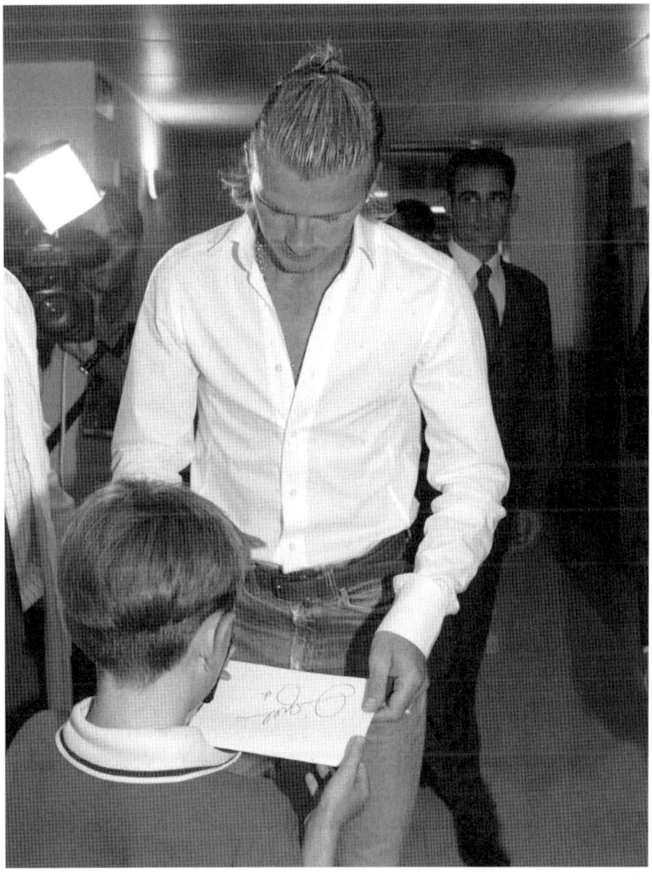

In der Zwischenzeit, auf dem Spielfeld ...

Während der Wochen der Spekulation befand sich David noch mitten im Dickicht der Fußballaktion für Manchester United und insbesondere auch für England, dessen primäre Aufgabe darin bestand, sich auf ein internationales Freundschaftsspiel gegen Australien vorzubereiten.

„Ich bin mir sicher, dass David sich um Wayne Rooney kümmern wird, so was macht er immer sehr gut. Ich glaube nicht, dass ich David überhaupt darum bitten muss, so ist er einfach. Er kümmert sich immer um junge Spieler, die neu dazugekommen sind, und er ist ein sehr, sehr guter Kapitän."

Sven-Goran Eriksson,
Trainer der englischen Nationalmannschaft

Mittwoch, 12. Februar 2003.
England – Australien 1:3

David spielt nur in der ersten Halbzeit. In der zweiten Halbzeit wird die ganze Mannschaft ausgewechselt, Teil einer zuvor festgelegten Strategie. Zum ersten Mal verliert England gegen Australien.

„Wir sind sehr enttäuscht. Die elf Mann, die ausgewechselt wurden, wären sehr gern im Spiel geblieben.

“Die Jungs hatten in der zweiten Halbzeit keine Chance. Zur Halbzeit wurden wir praktisch vom Platz gebuht. Das macht keinen Spaß und ist auch sehr frustrierend, aber was mich noch mehr frustriert hat, war, dass die elf Jungs in der zweiten Halbzeit auch nicht besser behandelt wurden. Das haben sie nicht verdient.”

David

Nur ein halbes Spiel zu spielen ist enttäuschend und ärgerlich, aber der Trainer hatte in dieser Hinsicht nichts zu sagen. Die Frage Vereinsmannschaft versus Nationalmannschaft war schon die ganze Woche ein großes Thema, und in dieser Nacht wurde noch einer draufgesetzt.”

“ Das war für mich enttäuschender, als sich auf die älteren Spieler zu stürzen, die das im gewissen Ausmaß hinnehmen können. Vielleicht zielte es auch gar nicht auf sie ab. Vielleicht zielte es auf die Leistung in der ersten Halbzeit, aber es war das erste Spiel für viele dieser Jungs, und sie werden sich noch lange daran erinnern. Ich glaube nicht, dass es sie nachträglich geschädigt hat und ich bin mir auch nicht sicher, ob es ihnen so aufgefallen ist wie mir, aber ich halte es nicht für fair.”

“ Uns stehen zwei wichtige Spiele im Europapokal bevor, und so was stärkt natürlich nicht das Selbstvertrauen und die Spielermoral, aber wir werden das schon wegstecken. Wir werden das Spiel wegstecken und uns auf das nächste freuen, und wir wissen auch, dass wir jetzt gute Ergebnisse erzielen müssen.”

Am 2. April trat die Nationalmannschaft der Türkei in einem wichtigen Qualifikationsspiel für die EM 2004 gegen die englische Mannschaft an, im »Stadium of Light« in Sunderberg. Der englischen Mannschaft wurde arg zugesetzt. David beschreibt die Provokationen:

“ Es gab einiges Hauen und Treten, und jemand stellte sogar meine Sexualität in Frage. Rio Ferdinand wurde in den Arm gekniffen um ihm eine Reaktion zu entlocken, aber im Endeffekt waren sie sauer, dass sie das Spiel verloren haben. Sie haben viele Spieler, die schnell in irgendwas hineingeraten, aber wir sind ganz ruhig geblieben. Es wird wahrscheinlich heiß hergehen, wenn wir in der Türkei spielen, aber hoffentlich bleiben alle locker. Es ist schließlich nur ein Fußballspiel.”

“ Es war eine außergewöhnliche Leistung, und so was brauchten wir. Dieses Spiel hat uns angeheizt wie nichts, da man uns im Vorfeld ein Mangel an Leidenschaft vorgeworfen hat und einige von uns gekränkt waren. Aber wenn wir unser Spiel für sich sprechen lassen, sind wir nicht mehr aufzuhalten. ❞

❝ Ich fand meine gelbe Karte etwas ungerechtfertigt, aber wenn ihre Spieler sofort reagieren und den Schiedsrichter so umringen, dann knickt er manchmal um. Aber wir haben eine gute Leistung gezeigt. ❞

Das Spiel gegen die Türkei wurde von rassistischem Gesang aus einigen englischen Fanreihen begleitet. David stand vor dem folgenden Spiel im Juni gegen Serbien/ Montenegro an der vordersten Front der Charmeoffensive:

❝ *Wayne Rooney hat hervorragend gespielt. Vorige Woche hat man mich gefragt, ob er für dieses Niveau bereit sei, aber ich muss solche Fragen nicht beantworten, wenn er so spielt wie gegen die Türkei.* ❞

David über Englands neuestes Wunderkind

In der Zwischenzeit, auf dem Spielfeld ... ❞

“Wenn wir hinter verschlossenen Türen ein Qualifikationsspiel hätten, wäre das schade für den Fußball, schade für England und schade für die korrekten englischen Fans, die darunter leiden müssen, dass eine kleine Minderheit von Fans so was macht. Es sollte nicht passieren, aber vielleicht musste es passieren, um dem ein Ende zu bereiten.”

“Das Problem mit der Menschenmenge, als einige von den Fans im Spiel gegen die Türkei aufs Spielfeld gelaufen sind, war gut dokumentiert. Es sollte nicht mehr passieren, denn falls es doch noch mal passiert, werden wir aus dem Wettbewerb geworfen.”

“Wir müssen beim Jubeln etwas vorsichtiger sein. Ich glaube zwar nicht, dass unsere Spieler dran schuld waren, aber wir müssen es etwas einschränken. Wir müssen mitten auf dem Spielfeld jubeln anstatt bei der Eckfahne. Wir wollen ja im Wettbewerb bleiben.”

“Es ist enttäuschend, die Unruhe ums Fußballspiel zu sehen. Eine Zeit lang hatte das aufgehört, aber jetzt scheint es wieder ins Spiel zu fließen. Natürlich bemerken es die Spieler und machen sich Sorgen drum. Wir haben Familie und Freunde in den Zuschauerrängen.”

“Dem Gegner muss Respekt gezollt werden, besonders bei der Nationalhymne. Eine Nationalhymne auszubuhen ist kein respektvolles Verhalten. Rassismus, Gewalt und Leute, die aufs Spielfeld laufen, all das muss ein Ende nehmen. Es bringt uns nur in Schwierigkeiten.”

“Wir müssen den anderen Mannschaften Angst einjagen. So war es die letzten sechs oder sieben Jahre lang.”

David über Manchester United

“Die gegnerischen Vereine füllen ihre Stadien, wenn Manchester United spielt. Es ist eine große Sache, ihren eigenen Verein gegen uns spielen zu sehen, deshalb müssen wir zu Auswärtsspielen fahren und dort spielen.”

“Wir müssen positiv bleiben und daran glauben, dass wir Arsenal einholen können. Es war eine seltsame Sai-

“Ich kann mir kein Spiel ohne Zuschauer vorstellen. Es wäre wie ein Freundschaftsspiel in der Vorsaison, wie ein Trainingsspiel. Es ist eine Schande für die Fans und die Kinder, die kommen, um Spielern zuzusehen, die sie bewundern. Aber wenn es die Schwierigkeiten beendet, dann sollten wir es in Betracht ziehen.”

David

“Der Trainer hat gesagt, dass ich in dieser Saison zehn Tore schießen soll, das müsste zu schaffen sein. Ich will noch mehr schaffen und die sechzehn Tore übertreffen, die ich letzte Saison hatte. ”

David

son, weil anscheinend jeder einige Spiele gewonnen und einige verloren hat. ”

“ Siege über Vereine wie Newcastle, Arsenal und Liverpool haben uns Mut gemacht, aber während der letzten fünf, sechs Jahre sind wir Meister geworden, weil wir die schlechteren Teams besiegt haben. Manchmal hatten wir Ausrutscher, und das ist immer enttäuschend. ”

“ Ich hasse es, auf der Bank zu sitzen, ob es nun die Entscheidung des Trainers war oder meine eigene, aber so ist es die letzten paar Monate gelaufen. Es ist eigentlich egal, ob man gewinnt oder verliert, denn man will da draußen sein und alles geben. ”

“ Es war bedauerlich, dass ich mir die Rippe gebrochen habe. Eine Zeit lang konnte ich noch nicht mal Fahrrad fahren. ”

“ Es ist mir ein Rätsel, wie wir Juventus schlagen und dann gegen Bolton unentschieden spielen konnten, bei allem Respekt. Das soll jetzt keine Ausrede sein, aber Anpfiff um zwölf Uhr mittags ist keine große Hilfe. Wir spielen mittwochs gegen einen Weltklasseverein und dann spielen wir wieder am Samstagmorgen. Es ist nicht einfach, um neun Uhr morgens Pasta zu essen, soviel weiß ich! Das ist schon eklig. Das mögen die Spieler überhaupt nicht. ”

David darüber, wie ein Mittags-Anpfiff die innere Uhr durcheinander bringt

“ Das ganze Team ist aufgekratzt. Wir haben einen Höhenflug, weil unsere Leistungen uns erst jetzt allmählich bewusst werden. Vor Weihnachten hatten die Leute uns abgeschrieben, und das macht unseren Erfolg um so süßer. Es war für uns alle ein schwerer Kampf, weil wir uns so sehr auf das Ziel konzentrieren mussten, Meister zu werden, indem wir jedes Spiel gewinnen, ohne uns durch die Gegenmannschaft beunruhigen oder ablenken zu lassen. Für den Verein war es eine unglaubliche Saison, und die Stimmung bei uns war noch nie so gut wie heute. Unsere Fans waren wie immer fantastisch, es ist großartig, sie mit dem Titel belohnen zu dürfen. ”

David über den achten Meisterschaftstitel für ManU in elf Jahren

Davids folgendes Nationalspiel endete weniger ruhmreich. Am 22. Mai brach er sich bei Englands Freundschaftsspiel in Südafrika das Kahnbein in seinem Handgelenk. Am Tag zuvor waren er und das restliche Team von Nelson Mandela empfangen worden.

“ Als englischer Kapitän möchte ich sagen, dass es mir, den Spielern, dem Trainer und dem Rest der FA eine große Ehre ist, einen Mann wie Sie treffen zu dürfen. Es ist eine unglaubliche Ehre für jeden Beteiligten. ”

David begrüßt den großen Mann

Mit Nelson Mandela und Sven Goran Eriksson

“ Ich habe David Beckham das Versprechen abgenommen, unsere Ausschreibung zu unterstützen. Das allein gibt uns sehr viel Hoffnung. ”

Nelson Mandela über Südafrikas Ausschreibung als Gastgeber der WM 2010

“ Die Weltmeisterschaft ist ein großartiges Erlebnis für jeden Beteiligten. Ich hatte das Glück, bei zweien mitspielen zu dürfen, und in einem Land wie Südafrika wäre es unglaublich toll. Hoffentlich bin ich 2006 in Deutschland dabei, weil es das Potenzial hat, eine gewaltige WM für England zu werden. Wenn ich auf mich aufpasse und meinen Körper gut behandle, wie ich es schon immer gemacht habe, dann würde ich England 2010 sehr gern in die WM führen. ”

“ Es ist auf jeden Fall sehr wichtig für mich, eine Pause zu machen, denn zum ersten Mal seit fünf oder sechs Jahren habe ich vier oder fünf Wochen frei. Man ist am Ende einer Saison immer erschöpft, und es war eine

ziemlich harte Saison, weil das Team sich aus einem Saisonauftakt herausarbeiten musste, bei dem wir nicht so gut gespielt haben, wie wir hätten spielen können. Die Mühe, die alle Spieler reingesteckt haben, laugt einen aus, aber nach dieser Pause gehe ich hoffentlich frischer in die Vorsaison hinein als in die vorigen Vorsaisons. ”

“ Nachdem er die Verletzung erlitten hatte, ging er ins Krankenhaus, und dort wurde bestätigt, dass es sich um einen Bruch handelt. ”

Sprecher der FA

“ David tut mir echt leid, weil es das letzte Spiel der Saison war und er sich diese schmerzhafte Verletzung zugezogen hat. Ich könnte für eine Million Dollar nicht den Knochen benennen, den er sich verletzt hat, aber ich hoffe einfach, dass er sich so schnell wie möglich erholt und den Sommer über ein normales Leben führen kann. ”

Sven-Goran Eriksson, Trainer der englischen Nationalmannschaft, spricht sein Mitgefühl aus

“ David Beckham trägt keine gewöhnlichen Kleider oder Frisuren – und er trägt auch keine gewöhnlichen Verletzungen davon. Weniger stilvolle Spieler zerren sich vielleicht die Leiste oder zwicken sich eine Sehne im Knie. ”

The Mirror

“ David wird Kapitän der englischen Nationalmannschaft bleiben. Ich hoffe, dass er noch lange Zeit Kapitän bleibt. Er nimmt seine Rolle unglaublich ernst, was dem FA und der Mannschaft sehr zugute kommt. ”

David Davies, Fußballbeauftragter der FA

adidas
LFP
SIEMENS
mobile

Ein Beckham'scher Abschluss

Am 17. Juni 2003 beendete David die Spekulationen der letzten Monate und unterschrieb für den spanischen Riesen Real Madrid. Damit zerschnitt er ein sechzehnjähriges Band mit Old Trafford, das seit seiner Kindheit bestanden hatte …

“ Manchester United hat sich heute für eine Summe von 35 Millionen Euro auf den Wechsel von David Beckham nach Real Madrid geeinigt. ”

Offizielles Statement aus »Old Trafford«

“ Es gibt Fußballikonen, und Beckham ist eine davon. ”

Jorge Valdano preist seinen Mann an

“ Beckham, ya ”

Schlagzeile einer spanischen Zeitung am Tag danach

“ Beckham is the Real thing ”

Der Daily Telegraph *übt sich in Wortspielen*

“ Wir haben die Dinge aus einer gewissen Entfernung beobachtet und auf einen genialen Plan gehofft, aber wenn es einen gab, bestand er darin, wie man am besten £10 Mio. in den Sand setzt. ”

Oliver Houston von »Shareholders United« drückt seine Missbilligung aus

“ Jemand sollte die Polizei rufen. Wir sind überfallen worden. ”

ManU-Fan »Fat Als« Protest auf der Vereinswebsite

“ Es ist furchtbar, dass er weg ist. Ich bin total bestürzt. Es ist furchtbar für Manchester. Beckham war das einzig Glamouröse an der Mannschaft. Meiner Meinung nach hat ihn der Verein schrecklich behandelt. Ich wünsche ihm viel Glück. ”

Ein weiterer Fan fasst die gängige Meinung auf der Website zusammen

“ Hier schlug die Nachricht wie eine Bombe ein; es ist ein großer Schock. ”

Barcelonas Pressesprecher tut die Enttäuschung des Vereins kund. Der katalanische Verein war zeitweise Favorit für Davids Unterschrift

David unterschreibt bei Real Madrid

„Ich möchte Sir Alex Ferguson in aller Öffentlichkeit dafür danken, dass er mich zu dem Spieler gemacht hat, der ich heute bin."

David

„Ich habe David gekannt, seitdem er elf Jahre alt war, und es war eine Freude, ihn aufwachsen und sich zu dem Spieler entwickeln zu sehen, der er heute ist ... Ich wünsche ihm und seiner Familie eine erfolgreiche Zukunft und danke ihm für seine Verdienste im Verein."

Sir Alex erwidert das Kompliment

„Ich werde immer gute Erinnerungen behalten an meine Zeit mit Manchester United und dem ›Old Trafford‹ und den Spielern, die ich als Teil meiner Familie sehe, und die großartigen Fans, die mich so sehr unterstützt haben und auch jetzt noch unterstützen."

„Ich weiß, dass ich es später immer bereut hätte, wenn ich die Gelegenheit nicht genutzt hätte, in einem anderen großen Verein wie Real zu spielen."

„Ich wünsche Manchester United alles Gute und ich bin mir sicher, dass sie mit einem so inspirierten Kapitän wie Roy Keane weiterhin siegreich sein werden."

„Ich möchte den anderen Vereinen danken, die mich unter Vertrag nehmen wollten, einschließlich Barcelona ... aber ich möchte wirklich gerne in der Champions League spielen."

„Er steht auf einer Höhe mit Zidane. Er könnte seinen eigenen Platz im Mythos Real einnehmen."

Ron Atkinson, ehemaliger Chef von ManU

„David hat dem Verein Ansehen verliehen, auf dem Spielfeld und außerhalb, und es überrascht und enttäuscht mich, wie der Verein ihn behandelt hat."

Tommy Docherty,
ein weiterer ehemaliger Trainer,
macht seinem Unmut Luft

„Es ist aus Vereinssicht unsinnig, Spitzenspieler am Ende ihres Vertrages umsonst wechseln zu lassen. In Davids Fall gingen wir Mitte Mai auf seine Berater zu und

„Was hat er [Alex Ferguson] im Frankreichurlaub gemacht, als die Beckham-Story überkochte? Es ist so, als hätte er eine Stange Dynamit gezündet und sich verkrümelt, als die Lunte zur Hälfte abgebrannt war."

Brian Clough

SIEMENS

baten um eine Verlängerung seines Vertrags, der in zwei Jahren auslief, und unsere Anfrage wurde nicht sofort bejaht. Um die gleiche Zeit kamen einige spanische und italienische Vereine auf uns zu und zeigten Interesse daran, David zu kaufen. Wir wurden von Davids Beratern darüber informiert, dass sie auch von ausländischen Vereinen kontaktiert worden waren. Zu diesem Zeitpunkt wurde klar, dass ein Wechsel von David sich auszahlen könnte, nicht nur für den Verein, sondern auch für den Spieler. ››

Peter Kenyon, Geschäftsführer von ManU, begründet seine Entscheidung

‹‹ Ich glaube, dass Fergie [Sir Alex Ferguson] Beckhams Superstar-Status und seine Superstar-Ehefrau nicht so gern gesehen hat, weil er möchte, dass die Spieler sich die ganze Zeit auf den Fußball konzentrieren. ››

Paul McGrath, ehemaliger ManU-Star, bietet einen Hinweis auf die Gründe für Davids Weggang

‹‹ Er ist eine Berühmtheit, weg mit ihm! ››

Fußballkorrespondent Brian Woolnough vom Daily Star *versucht, Sir Alex Fergusons Gedanken zu lesen*

‹‹ Die Summe wurde von manchen als niedrig erachtet, besonders im Vergleich zu den Geldsummen, die wir und andere Vereine in den letzten Jahren für Spieler ausgegeben haben. In Wirklichkeit ist der Transfermarkt in den vergangenen zwölf Monaten praktisch in sich zusammengebrochen, und der Wert der Spieler ist dramatisch gesunken. In einer solchen Flaute ist eine Summe von bis zu £25 Mio. ein gutes Geschäft für einen Spieler, dessen Vertrag in zwei Jahren ausläuft. ››

Peter Kenyon

‹‹ Ein lächerlich weibischer Kleiderständer, der von einer rücksichtslosen Ehefrau untergebuttert wird und ein einziges Ziel hat: nicht, der beste Fußballer der Welt zu sein, sondern das berühmteste Gesicht der Welt. ››

Brian Reade vom Daily Mirror *holt zum Abschied noch mal kräftig aus*

‹‹ Wenn man den Verein und das Land wechselt, braucht man manchmal Zeit, um sich anzupassen. In Spanien

‹‹ *Er ist ein waschechter Junge aus dem Londoner East End, aus dem etwas geworden ist, und ich habe keinerlei Zweifel daran, dass er in Madrid gewaltigen Erfolg haben wird. Er ist ein Vorbild für die Kinder, und jeder ist stolz auf das, was er bisher geleistet hat.* ››

Tony Cottee, ehemaliger englischer Nationalspieler und ebenfalls Londoner, zollt David seine Anerkennung

“Wenn ich nach Spanien gehe, um meinen Wechsel endgültig zu bestätigen, und meine medizinische Untersuchung abgeschlossen habe, werde ich den Fans von Manchester United eine Mitteilung zukommen lassen. Sie waren immer ein großer Teil meines Lebens und meiner Karriere, und es wäre nicht recht, sie ohne ein Wort zu verlassen. Ich schulde ihnen sehr viel.”

David spricht zum ersten Mal über den Wechsel; 19. Juni

wird er vielleicht anfangs ein paar Schwierigkeiten haben, aber für gute Spieler ist es im Allgemeinen sehr einfach.”

Die brasilianische Fußballerlegende Pele

“Im Moment ist die Frage nicht, wo David spielen wird, sondern wo Luis Figo spielen wird.”

Jorge Valdano grübelt über ein appetitliches Auswahlproblem

“Unsere Beziehung zu Manchester United ist herzlich, aber der große Wunsch David Beckhams, für Real Madrid zu spielen, hat das alles ermöglicht.”

Jorge Valdano

“Ich bin sehr aufgeregt darüber, zu Real Madrid zu gehören. Es wird eine gute Herausforderung für mich sein, sowohl auf dem Fußballfeld als auch anderweitig.”

“Natürlich hätte ich mich gefreut, wenn der Wechsel anders gelaufen wäre, aber über den Teil möchte ich nicht sprechen. Ich bin jetzt ein Real-Spieler, und ich freue mich darauf.”

“Ich habe erfahren, dass Berichte im Umlauf sind, denen zufolge ich mit einigen Aspekten meines Wechsels von Manchester United nicht zufrieden war. Das ist nicht der Fall und es lag nicht in meiner Absicht, diesen Eindruck zu vermitteln. Ich habe in aller Öffentlichkeit meinen Dank und meine Anerkennung darüber ausgesprochen, wie der Verein, meine Berater und Real Madrid das Geschäft abgewickelt haben. Das Einzige, was mir Sorgen machte, war das Timing – wenn man bedenkt, dass die spanische Fußballsaison noch nicht vorbei ist.”

“Ich möchte mich bei den Spielern von Real entschuldigen, weil das alles nicht von mir ausgelöst wurde und ich nicht wollte, dass von den letzten zwei Spielen ihrer Saison abgelenkt wurde. Sie kämpfen um die Meisterschaft und ich wollte nicht, das irgend etwas dabei stört. Ich wünsche ihnen alles Gute.”

“Es käme mir nie in den Sinn, Raul diese Zahl streitig zu machen. Er ist meiner Meinung nach der König von Real Madrid. Ich habe die Nummer sieben nicht ange-

EME
mob

“Die interessante Frage ist meiner Meinung nach nicht, ob er spielen wird, sondern wo er spielen wird ... Viele Leute, ich eingeschlossen, wollten schon immer mal sehen, was Beckham im zentralen Mittelfeld bewirken kann ... Ich bin mir sicher, dass Beckham ein besserer Spieler werden wird.”

Gary Lineker

sprochen. Ich bin mit jeder Nummer zufrieden, die sie mir geben.”

David tut Spekulationen ab, nach denen er das Trikot mit der Nummer 7 behalten soll

“Ich hätte es nicht gemacht, wenn es meine Laufbahn in der Nationalmannschaft beeinträchtigt hätte. Ich habe mit Herrn Eriksson darüber gesprochen und er sagte: ›Es hat nichts damit zu tun, für welchen Verein du spielst, ob du Kapitän bleibst.‹”

“Ich kann einige Sätze sagen, zum Beispiel im Restaurant die Rechnung bestellen. Das wird ganz nützlich werden.”

David beantwortet die Frage nach seiner Beherrschung der spanischen Sprache

Unmittelbar nachdem der Wechsel verkündet wurde, wurde David von seinem neuen Club geschnappt und auf eine Promotiontour nach Südostasien verfrachtet. Bei seiner Ankunft in Tokio war die »Beckham-Mania« in voller Blüte.

“Diese glücklichen Kindergesichter zu sehen, das war die Reise wert.”

“Ich weiß nicht. Hast du eine Idee?”

David beantwortet die Frage eines Schulmädchens nach der Frisur, die er als Nächstes tragen wird.

“Wir sind hier draußen, um Beckham zu begrüßen. Ich hoffe, dass heute Mittag keine Kundschaft kommt.”

Eine Kellnerin fasst die Stimmung in der Stadt zusammen.

“Ich bin wieder überwältigt. Es ist mir eine große Ehre und eine große Freude, in diesem Land zu sein.”

“Es ist unglaublich, wieder in Japan zu sein. Am Flughafen anzukommen war etwas ganz Besonderes, das hatten wir als Paar noch nicht erlebt.”

Mittlerweile, in Spanien, wird Real Madrids Trainer Vicente del Bosque nur Tage nach dem Meisterschaftssieg des Vereins entlassen. In einer abschließenden überraschenden Wendung wird Carlos Queiroz, der Vizetrainer von ManU, als dessen Nachfolger vom »Old Trafford« abgeworben.

„Es war ein Schock, aber ich bin sehr aufgeregt über die Tatsache, dass Real Madrid den Meisterschaftstitel errungen hat, und ich will nur noch rüber, die Kollegen treffen und spielen. Ich hoffe nur, dass ich dort so viel Erfolg haben werde wie bei Manchester United."

„David ist ein hervorragender Spieler und sehr professionell. Das hat er bei United bewiesen. Ich glaube daran, dass der beste Fußball von den besten Spielern gespielt wird, und ich werde darauf achten, dass sie harmonisch zusammenarbeiten. Ich will Beckham oder Luis Figo nur auf der Bank sehen, wenn sie verletzt sind."

Queiroz diskutiert ein mögliches Auswahlproblem

„Ich verstehe es nicht, er hat so viel Geld und trägt kaputte Hosen."

Eine Mitarbeiterin bei Marca missbilligt Davids zerrissene Jeans

David unterschrieb endlich am 1. Juli nach einer ausführlichen medizinischen Untersuchung. Seine Ankunft in Madrid wurde von riesigen Menschenmengen und der üblichen Medienhysterie begleitet.

„Es ist ein bisschen übertrieben. Er hat ja mehr Bodyguards als der König."

Eine spanische Autogrammjägerin ist frustriert

„Das Beckham-Beben ist heute fällig. Seine Ankunft ist eines der wichtigsten Ereignisse unseres Landes seit Jahren."

Die spanische Sporttageszeitung Marca

„Er ist schlank und stark, achtet maximal auf seine Gesundheit und hat keine wesentlichen Verletzungen erlitten – er ist so stark und gesund wie ein junger Bulle."

Del Corral

“ Jetzt hat das Team zwei gutaussehende Spieler. Bisher war ich der Einzige. ”

Reals brasilianischer Verteidiger Roberto Carlos

“ Konkurrenz im Team ist immer gesund und heißt einfach, dass nur die Spitzenspieler zum Zug kommen, aber ich bin mir sicher, dass es Platz genug für alle gibt, einschließlich Beckham. ”

Ronaldo

“ Ich mag Beckhams Einstellung. Er ist ein technischer Spieler, aber er hat auch den Wunsch, hart für sein Team zu arbeiten. ”

Reals Verteidiger Salgado

“ Er sieht so gut aus. Er ist ein wunderbarer Spieler, und ich bin total begeistert darüber, dass er bei uns unterschrieben hat. ”

Letitia Ocana, 14-jähriger Fan

“ Ich freue mich auf die Herausforderung auf dem Spielfeld, und in Spanien zu leben hat mich schon immer gereizt, also freue ich mich auch schon darauf. Es wird eine Ehre sein, für Real zu spielen, und es ist für mich ein aufregendes Erlebnis. Es gab einige Vereine, die interessiert waren. Es gab Barcelona, aber auch der AC Milan und Inter, aber ich war nur an Real wirklich interessiert. Ich habe dreizehn oder vierzehn Jahre bei Manchester United verbracht. Es war ein großer Teil meines Lebens und wird es auch immer bleiben, aber ich muss mich weiterentwickeln, genau wie Manchester United. Ich werde die Spieler vermissen, besonders diejenigen, mit denen ich aufgewachsen bin. Es ist echt schwer, weil die Spieler fast wie Familie sind, und Abschied nehmen macht mich traurig, aber ich muss nach vorne schauen. ”

“ Beckham ist hier, weil wir an ihn als Fußballer glauben. David, willkommen im Dream Team. ”

Florentino Perez, Präsident von Real

“ Ich habe Fußball schon immer geliebt. Natürlich liebe ich meine Familie. Ich habe ein wundervolles Leben, aber Fußball bedeutet mir alles, und bei Real Madrid aufgenommen zu werden ist ein wahr ge-

adidas
SIEMENS
贝克汉姆
廿三
LFP

wordener Traum. Ich möchte allen danken, die gekommen sind, um meine Ankunft zu begleiten. Gracias – hala Madrid. ”

David testet zum ersten Mal sein Spanisch

“ Trotz allem, was hier so vor sich geht, dürfen wir nicht vergessen, dass wir einen großartigen Spieler bei uns willkommen heißen. Er ist ein großartiger Spieler, der zu einem Teil der großartigen Geschichte dieses Vereins werden wird. Er ist ein Mann unserer Zeit und ein Symbol des heutigen Startums. Real hat Beckham unter Vertrag genommen, weil er ein großartiger Fußballer und ein engagierter Profi ist. Sein Teamgeist ist unübertroffen, und er ist einer der besten englischen Spieler aller Zeiten, und das allein reicht aus, um bei uns zu sein. Wir lieben Beckham, weil er uns zur besten Mannschaft macht, ob wir uns auf dem Spielfeld befinden oder nicht. ”

Florentino Perez

“ Es ist fantastisch, dass David Beckham bei Real Madrid unterschrieben hat, und wir werden ihn alle willkommen heißen. Ich freue mich darauf, neben ihm zu spielen, und ich glaube, dass er sich bei Madrid wohlfühlen wird. ”

Ronaldo

“ Na ja, Michael Jordan ist mit der 23 ganz gut gefahren. ”

Victoria hat das letzte Wort in der Wahl von Davids neuer Trikotnummer

Ein Beckham'scher Abschluss ”

TALKING – DIE STARS IN IHREN EIGENEN WORTEN

METALLICA – TALKING

Geliebt und gefürchtet: Die erfolgreichste Heavy Metal Band der Welt

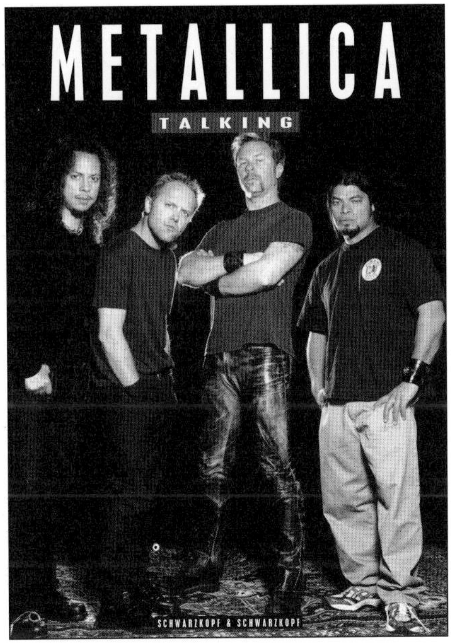

Der Heavy Metal in den frühen achtziger Jahren: So legendäre Metal-Bands wie AC/DC, Motörhead und Ozzy Osbournes Band Black Sabbath hatten den Weg in ein neues Jahrzehnt geebnet.

Da tauchte am Metal-Himmel ein neuer Stern auf – eine Band, deren Name Programm war und die nunmehr seit zwanzig Jahren Teenager mehrerer Generationen in Verzückung versetzt, deren Fans der ersten Stunde nunmehr schon lange selbst Eltern sind: Metallica.

Doch wie jede gute Metal-Band hat auch Metallica einen Schmusehit, der sie auch in Pop-Discotheken und Wohnzimmern gesellschaftsfähig machte: Seit dem Chartbreaker »Nothing Else Matters« sind Metallica-CDs auch Teil des musikalischen Mainstreams. Um so härter dann das 2003er Album »St. Anger«, das die Charts stürmte und sich in Deutschland 4 Wochen auf dem ersten Platz und monatelang in den Charts hielt. Eine vollkommen neue Dimension des kommerziellen Erfolgs einer Metal-Band.

Dieses Buch ist der kompakte O-Ton der Band aus über zwanzig Jahren Bandgeschichte – gipfelnd in dem weltweit mit Platin geehrten Album »St. Anger« von 2003, das auch in Deutschland wochenlang auf Platz 1 stand.

Kein Thema wird ausgelassen, das die Fans erfreuen und die Feinde verärgern könnte.

METALLICA – TALKING
Herausgegeben von Jo Stevenson
160 Seiten, 100 Abbildungen
Quality Paperback, Fadenheftung, Bilderdruckpapier, Farbteil
ISBN 3-89602-496-5 / 14,90 Euro

ALLE INFOS IM INTERNET: WWW.SCHWARZKOPF-SCHWARZKOPF.DE

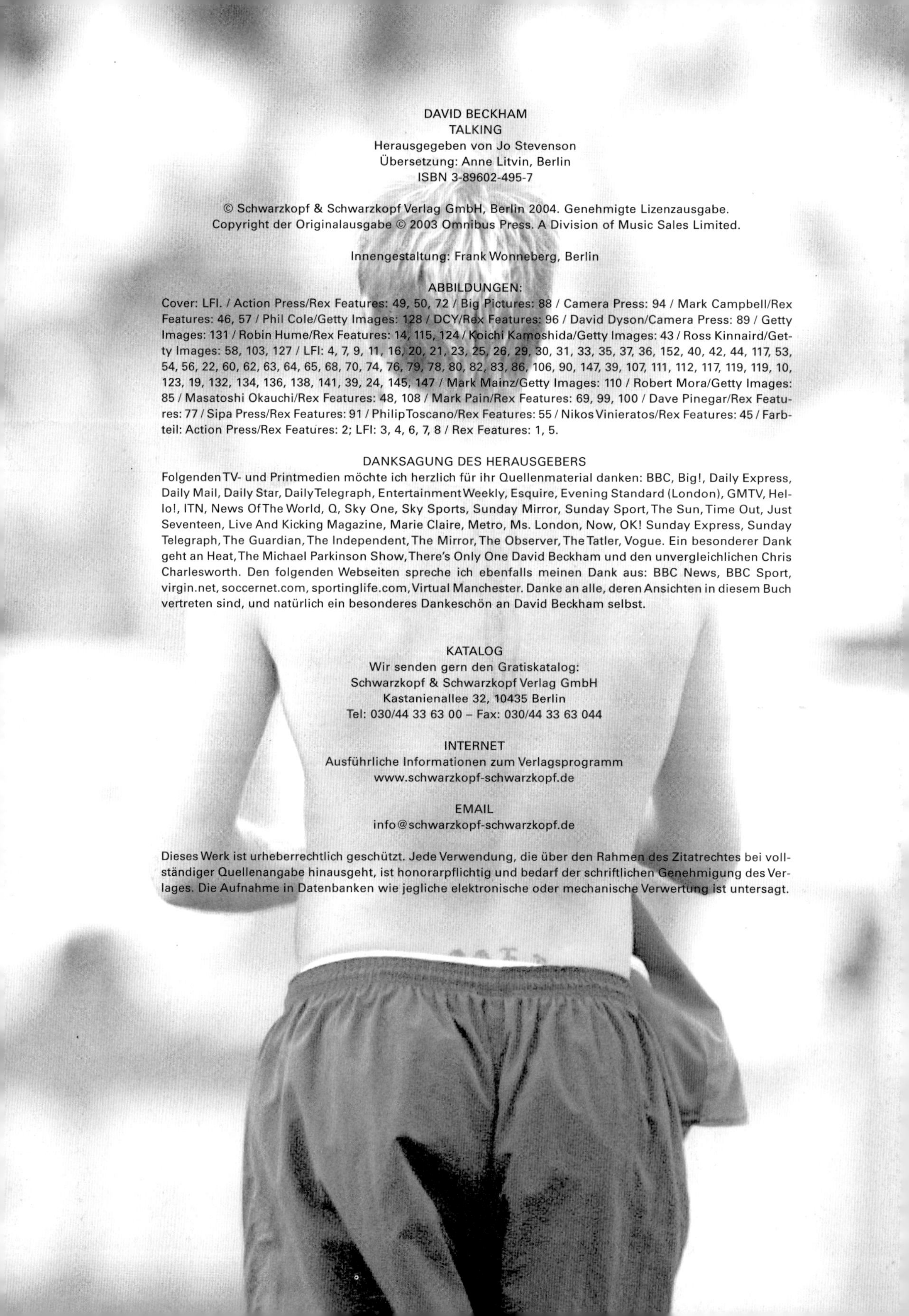

DAVID BECKHAM
TALKING
Herausgegeben von Jo Stevenson
Übersetzung: Anne Litvin, Berlin
ISBN 3-89602-495-7

Innengestaltung: Frank Wonneberg, Berlin

ABBILDUNGEN:
Cover: LFI. / Action Press/Rex Features: 49, 50, 72 / Big Pictures: 88 / Camera Press: 94 / Mark Campbell/Rex Features: 46, 57 / Phil Cole/Getty Images: 128 / DCY/Rex Features: 96 / David Dyson/Camera Press: 89 / Getty Images: 131 / Robin Hume/Rex Features: 14, 115, 124 / Koichi Kamoshida/Getty Images: 43 / Ross Kinnaird/Getty Images: 58, 103, 127 / LFI: 4, 7, 9, 11, 16, 20, 21, 23, 25, 26, 29, 30, 31, 33, 35, 37, 36, 152, 40, 42, 44, 117, 53, 54, 56, 22, 60, 62, 63, 64, 65, 68, 70, 74, 76, 79, 78, 80, 82, 83, 86, 106, 90, 147, 39, 107, 111, 112, 117, 119, 119, 10, 123, 19, 132, 134, 136, 138, 141, 39, 24, 145, 147 / Mark Mainz/Getty Images: 110 / Robert Mora/Getty Images: 85 / Masatoshi Okauchi/Rex Features: 48, 108 / Mark Pain/Rex Features: 69, 99, 100 / Dave Pinegar/Rex Features: 77 / Sipa Press/Rex Features: 91 / Philip Toscano/Rex Features: 55 / Nikos Vinieratos/Rex Features: 45 / Farbteil: Action Press/Rex Features: 2; LFI: 3, 4, 6, 7, 8 / Rex Features: 1, 5.

DANKSAGUNG DES HERAUSGEBERS
Folgenden TV- und Printmedien möchte ich herzlich für ihr Quellenmaterial danken: BBC, Big!, Daily Express, Daily Mail, Daily Star, Daily Telegraph, Entertainment Weekly, Esquire, Evening Standard (London), GMTV, Hello!, ITN, News Of The World, Q, Sky One, Sky Sports, Sunday Mirror, Sunday Sport, The Sun, Time Out, Just Seventeen, Live And Kicking Magazine, Marie Claire, Metro, Ms. London, Now, OK! Sunday Express, Sunday Telegraph, The Guardian, The Independent, The Mirror, The Observer, The Tatler, Vogue. Ein besonderer Dank geht an Heat, The Michael Parkinson Show, There's Only One David Beckham und den unvergleichlichen Chris Charlesworth. Den folgenden Webseiten spreche ich ebenfalls meinen Dank aus: BBC News, BBC Sport, virgin.net, soccernet.com, sportinglife.com, Virtual Manchester. Danke an alle, deren Ansichten in diesem Buch vertreten sind, und natürlich ein besonderes Dankeschön an David Beckham selbst.

KATALOG
Wir senden gern den Gratiskatalog:
Schwarzkopf & Schwarzkopf Verlag GmbH
Kastanienallee 32, 10435 Berlin
Tel: 030/44 33 63 00 – Fax: 030/44 33 63 044

INTERNET
Ausführliche Informationen zum Verlagsprogramm
www.schwarzkopf-schwarzkopf.de

EMAIL
info@schwarzkopf-schwarzkopf.de